"十三五"江苏省高等学校重点教材
业财融合系列教材
总主编 王开田 蒋建华

业财融合概念结构

王 昊 王新秀 主编

中国财经出版传媒集团
中国财政经济出版社

图书在版编目（CIP）数据

业财融合概念结构／王昊，王新秀主编．--北京：中国财政经济出版社，2021.2

"十三五"江苏省高等学校重点教材．业财融合系列教材／王开田，蒋建华总主编

ISBN 978-7-5095-2137-3

Ⅰ．①业… Ⅱ．①王… ②王… Ⅲ．①财务管理－高等学校－教材 Ⅳ．①F275

中国版本图书馆 CIP 数据核字（2020）第 263022 号

责任编辑：孙 琛　　　　责任印制：党 辉
封面设计：王 颖　　　　责任校对：胡永立

"十三五"江苏省高等学校重点教材（2020-2-115）
业财融合概念结构

中国财政经济出版社 出版

URL：http://www.cfeph.cn

E-mail：cfeph@cfeph.cn

（版权所有　翻印必究）

社址：北京市海淀区阜成路甲28号　邮政编码：100142
营销中心电话：010-88191522
天猫网店：中国财政经济出版社旗舰店
网址：https://zgczjjcbs.tmall.com
北京中兴印刷有限公司印刷　各地新华书店经销
成品尺寸：185mm×260mm　16 开　12 印张　227 000 字
2021年2月第1版　2021年2月北京第1次印刷
定价：52.00元
ISBN 978-7-5095-2137-3
（图书出现印装问题，本社负责调换，电话：010-88190548）
本社质量投诉电话：010-88190744
打击盗版举报热线：010-88191661　QQ：2242791300

业财融合系列教材编写委员会

总主编：王开田　蒋建华
编　委：王开田　蒋建华　胡晓明
　　　　王　昊　章之旺　戴雪艳

《业财融合概念结构》

主　编：王　昊　王新秀
副主编：代　蕾　袁伟东　王艳秋
　　　　徐慧亮

总　　序

　　科技是第一生产力，它不仅促进生产效率的提升、组织结构的变革，而且推动着学科专业不断演变，使其不断分化，产生许多新兴学科专业，使企业管理范式不断创新，以适应生产关系与生产力的不断发展。财务管理脱颖于会计，发展于组织结构的扩大和复杂化，成熟于信息技术发展的不断深化，其技术方法不断创新，其范式也不断创新并向精细化、网络化、综合化、国际化等不断演进。

　　当今时代，信息技术日新月异，企业管理范式、商业模式发生了深刻变革，财务管理已经从以融资、投资和分配等为重心，向以"大智移云"为技术支撑，以共享服务为平台的业财融合方向发展，开启了业财融合新范式。所谓业财融合，是指业务部门与财务部门通过信息化技术和手段，实现业务流、资金流、信息流等数据源的适时融合、共享，基于价值目标共同作出控制、评价、规划和决策等管理活动，以保证企业价值创造过程的实现。未来企业管理中，财务与业务的界限将变得日趋模糊、融为一体。新技术、新模式、新业态的出现使企业的财务管理范式进一步转型和优化，财务的触角逐渐向采购、销售、研发、人力资源等业务领域渗透，进而实现财务与业务数据的双向转换和互动。业务人员的操作将通过智能化系统直接触发财务数据的生成，财务人员可以从财务数据中挖掘出有价值的业务信息加以分析，形成对决策更加有价值的信息，增强企业决策的科学性和精准化，以提升企业的核心竞争力和促进企业可持续健康发展。

　　业财融合是未来企业发展中的核心，它不仅是业务经营与财务管理发展过程中的时代要求，更显示出社会经济组织对商业行为、企业管理的理解，既为业务发展、价值创造、协作共生而管理，也为打破职业、岗位、职能壁垒而管理。业财融合是一个具有长期性和复杂性系统工程，是一个不断优化的动态过程，支持企业实现可持续发展。因为在数字经济时代，经济行为均可量化，而量化的主要载体就是数字货币，与货币有关的业务均是财务追逐服务的对象。业务与财务的融合，在当代社会经济发展中则成为必然现象，是企业成功的一般规律和规则。因此，企业应强化业财融合意识，融合智能技术，搭建智能平台，打造智慧财务，营造良好的业财融合氛围，使专业人才职责互换、角色互变、智能扩展,以适应企业新业态、商业新模式。这种范式的形成,经历了一定的历史演进,包括前提条件的形成、功能定位和价值认可的过程。

一、业财融合的兴起

(一) 业财融合理念根植于会计,成熟于财务管理

纵观会计发展史,会计自古以来就将业财融合贯穿其中。无论是会计初期,业务、会计、财务混为一体,还是后来财务会计和管理会计的分离,业财融合都是一种客观存在,只不过在缺乏相应的信息技术支撑的条件下,在具体业务处理过程中,形成了会计核算、业务核算和财务管理各自为营的状态。如20世纪50年代,管理会计提出财务应预测企业前端业务,催生了业务与财务融合的理念;20世纪90年代,由于信息技术的发展与应用,公司再造理念中强调业务流程应与财务流程相融合,企业应淡化财务与业务的专业分工,提倡业财融合,业财融合进入了操作阶段;进入21世纪,随着信息技术的巨变,企业内外环境骤然变化,会计更倾向于由财务会计向管理会计转型,而管理会计的核心和根本就是业财融合,强调业务与财务的合作和制衡。近年来,我国财政部发布了一系列指导意见和指引,全面推进管理会计体系建设,强调管理会计应嵌入企业各领域、各层次、各环节,并遵循融合性原则,即在业务流程的基础上,利用管理会计工具整合财务和业务,使其成为财务管理的新方式,并推广应用于财务管理之中,业财融合进入推广应用阶段,成为财务管理的新范式。业务是财务的表现形态,财务是业务的价值体现,对企业而言,所有的活动都是围绕业务而展开,其目的就是创造价值,实现企业价值最大化。

(二) 业财融合实践源起于专业化分工

早期的工业生产通常将业务和财务作为两个独立的系统。传统财务工作侧重于融资、投资和收益分配等,与企业业务部门的职能关联性不强,很少关注企业目标及业务发展的实际需求,导致业与财分离状态。第三次工业革命后,专业化生产、协作化分工在全世界兴盛,这在一定程度上提升了企业的生产效率。然而,专业分工也造成业务链过长、环节过多,部门之间的隔阂较大、沟通交流不畅,企业被分割为条块各异的制度化"铁笼子"。从地位职能来看,财务部门是企业专门从事财务管理工作的行政或职能机构,业务部门是企业组织实施采购、生产、销售等业务的专业性机构;由于企业内部机构任务与职责不一致,信息不对称,导致业务部门与财务部门各自为政,出现横向协作的低效率。基于系统论的思维,业务部门需要与财务部门相互配合支持,实现财务职能与业务职能相互动态制衡。

(三) 业财融合方式体现了互通互融

以 IT 为核心技术的第四次工业革命，使人类社会进入信息化时代，社会已经成为一个有机整体，各行业互联互通，企业各部门构成整条信息链，避免信息孤岛，业务、财务同步进行，同频效应明显。

从经济管理本质上讲，业务与财务具有天然的一体性和交融性，财务管理总是与经营业务相伴而生，业务的发展带来了财务的兴盛，同时财务兴盛又促进了业务的繁荣。在企业运营中，财务信息与业务信息互通互融、有机结合，业务与财务浑然一体，业务流程离不开财务流程，二者互为表里。同时，商业模式离不开财务参与渗透，发展战略需要财务事前预测，进而提供有力的信息支撑，业务绩效需要财务评价反馈，财务不仅要监督业务，更要服务业务，为业务提供保障；业务活动的开展需要业务人员掌握并运用财务管理理念，成为懂财务的业务人，为高效优质开展财务管理提供支持。

二、业财融合的前提

业财融合虽然由来已久，但直到今日才得到推广应用，成为财务管理新范式。业财融合需要一定的前提条件，即信息技术的充分开发与广泛应用。具体来说，主要体现在以下三个方面。

(一) 科技进步奠定了业财融合的基础

科技的发展是永恒的，是社会进步经济发展的不竭动力，促进着生产效率的不断提高，管理效率的提升，利润的增加。所以，它是第一生产力，不断触发着业务的拓展。在空间上，管理环境决定着财务管理的定位，管理环境包括很多要素，如信息化技术、商业模式等，决定着财务管理职能的发挥和地位的轻重；在时间上，信息化技术的变化和业务的发展，使财务管理开阔了空间，突破了原有阵地，融入了业务行列。在简单电子化阶段，企业逐步将线下事务转移至线上，构建线上平台，一定程度上解决了信息交流的效率与成本问题；基于 ERP 的财务管理理念的引入，尤其是近年来新信息技术的广泛运用，促进了业财融合的深入发展。技术进步凸显了岗位角色的转换与对接，拓展了财务管理工作的边际。财务管理由传统理财主导型向经营管理主导型转变，由事后的财务分析向事前的财务预测与事中的财务控制转型，构建了时间、空间、流程等业财生态圈，实现了业务流程化、人员专业化、财务标准化与共享化。财务人员可以通过业务部门提供的数据，进行科学的分析，编制业财融合报告，为企业管理者提供及时、真实、完整、有效的财务信息。因此，科技进步尤其是现代信息技术的发展和应用，奠定了业财融合的基础。

（二）科技进步架起了业财融合的桥梁

业财融合的中心思想是把企业的财务、业务和管理有机地融合在一起。但这三方面工作的有机融合需要信息技术、大数据以及信息共享中心的支持。智能时代，生产的自动化系统和管理的信息化系统将逐步贯通，由业务型财务向战略型财务转型。传统模式下业务部门实施粗放式目标管理，财务部门实行精细化成本管理，通过信息技术打通各个部门之间的信息屏障，形成统一的信息转化、可视和展示体系，实现信息共享与融合、实时流程管理、跟踪和反馈，使业务部门能更好地利用财务部门提供的信息进行高效决策。科技进步架起了业财融合的桥梁，使业务与财务实现了无缝对接。

（三）科技进步支撑了业财互融数据化发展

在智能时代，强大的数据库和数据平台功能为业财融合提供了强大的数据支撑。人工智能可以使用云计算、大数据、数据挖掘等技术，将数据信息共享贯穿于企业经营的上下游，帮助企业更高效地运营；"云平台"的建设，大数据技术、云计算等信息技术的使用，数据和信息的实时共享，使企业内部各个部门均能够及时掌握财务、业务等多方面的信息，连接、融通内部数据和外部数据，实现从静态数据到动态数据质的飞跃，提高数据分析的综合性和全面性，为业财互融提供了完备的技术支撑。

三、业财融合的效用

信息技术的发展，打破了"业"和"财"的壁垒，使其贯通融合，实现了 $1+1>2$ 的质的飞跃。

（一）注重共享价值创造

业财融合与财务共享相辅相成，业财融合是财务共享的关键因素，财务共享是企业财务管理的有效方式，企业价值创造的逻辑由创造单一价值转变为创造共享价值。企业财务共享服务实质是追求共享价值的实现，是新时代企业的基本目标。新时代企业以共享价值为指导，协调价值链上各方的资源及利益，优化业财融合的应用环境。共享价值并不是"分享"企业已有的价值，而是做大整个经济和社会价值"蛋糕"。共享财务将业务系统与财务系统的数据对接，通过规范化、标准化的操作，由业务人员自动完成财务职能，大大减少了传统财务的工作量，使财务和非财务信息更及时、精细和精准。

（二）促进商业模式创新

业财融合理念逐渐应用于具体的经营管理实践，集中体现在采购、生产、仓储以及销售的监控和处理等业务环节。业财融合被视作战略地图中的首要目标，通过先进经营管理经验和现代企业财务理念的整合，推进内部财务管理效率和质量的提高以及流程的优化。在业财双向融合下，各行各业都已进入"管理驱动型"增长模式，财务角色也将经历从"管账"到"管家"再到"业务伙伴"的变化；业务人员的操作通过智能化系统直接触发财务数据的生成，财务人员从财务数据中挖掘有用的业务信息，呈现明显的经营者思维，经营者既懂业务、又懂财务，视角更为外向和开放，站在客户和市场方面谋划企业行为。企业通过战略规划、经营决策、管理控制和绩效评价，寻找满足社会需求的创新性商业模式，优化资源配置，促进企业高质量发展，创造更高的企业价值。

（三）提升精益管理高度

现代企业规模大、板块多、业务广、供应链长、客户差异化程度高，要求各业务流程优化，形成标准化的数据，再通过高度自动化的业务和财务处理系统以及综合性分析系统，更好地将企业的财务工作和业务活动对接，有利于实行精细化管理，提高经营效率。信息技术的迭代发展，使数据成为企业价值创造和社会财富增进的主要源泉，数据是价值、财富和决策的保障。科学技术可以为企业各项财务工作，如预算编制、财务决策等，提供充分的数据支撑，使财务工作能够与业务活动相结合，更具有针对性和指向性。业财融合深度发展，在一定程度上能够对企业经营管理提供较大帮助，在融资、税收筹划、成本管理等方面为企业创造更多的价值；利用信息技术进行动态监控与数据分析，为企业管理层进行精细化管理提供数据支持；通过参与企业战略规划、标准制定、管理革新、资本运作和风险管理，在企业内部形成集成化协同效应，发挥战略决策支持作用，推动业务结构转型升级和合作协同，成为企业价值最大化的引领者。

四、本系列教材基本内容与特点

业财融合这一财务管理创新范式虽然产生已久，并在不同国家进行不同程度的应用，也有不少学者进行了一定的理论研究和实践经验总结，但一直没有形成系统的理论方法体系，更少见理论专著和教科书。其主要原因是它一直处于发展变化中，没有形成固化的模式。这是因为科技尤其是信息科学技术的迅猛发展，新技术、新手段不断出现，而且企业的形态不同，采用的商业模式等方式方法多种多样；到目前为止，还没有找到统一的相关业财融合的标准和模式,仁者见仁,智者见智,各种观点、方法散见于论文和教科书的章节之中,理论和教育远远落后于业财融合的实践。鉴于此,在中国企业财务管理协会、江苏省教育厅和三江学院的大力帮助和支持下,我们聚集了南京财经大学、南京审计大学和三江学院等众多高校的学者专家,集思广益,进行深入系统的研讨,并到多家企业进行实地调研和观摩,最终形成了《业财融合概念结构》《业财融合架构》《业财融合规范》和《业财融合案例》系列教材。

《业财融合概念结构》,主要对业财融合概念、基本特点、意义、理论框架以及大数据发展与应用进行了论述,从不同视角对业财融合的特征进行了描述,如从治理结构的视角描述业财融合的文化,从内部控制的视角描述业务融合的制度,从内部审计的视角描述业财融合的业绩评价,并分析了业财融合对职业素养和职业道德的要求,同时对智能时代业财融合平台进行了描述。《业财融合架构》,主要分析业财融合的形成与发展,系统打造业财融合基本架构,包括业财融合组织系统、方法系统、决策系统、控制系统、评价和报告系统。该书阐述业财融合组织机构设置、业财融合师工作岗位和能力框架,介绍业财融合的战略管理、预算管理、成本管理、营运管理、风险管理等方法,以及经营预测、决策与长期投资决策,重点阐述了业财融合的生产系统与销售系统,构建KPI绩效考核(即关键指标法)、平衡计分卡、MBO目标管理法、360度绩效考核等业财融合评价系统,以及按照报告内容、报告功能、责任中心、责任主体、管理层级和报告对象等维度描述业财融合报告系统。《业财融合规范》,主要从精益化财务管理概念出发,以财务业务一体化概念为基础,描述了业财融合脉络;以财务管理规范和业务管理规范为基础,阐述了业财融合的一般规范;介绍了公司基础业务:研究与开发、采购与合同、生产与质量控制、销售与经营成果、投资活动等主要业务业财融合的流程和规范;最后以制造业、进出口、工程建设三个行业为例,详细叙述了这三个行业业财融合的流程与规范。《业财融合案例》基于实践视角,选取国网江苏公司、舜天股份等大型企业,对业财融合的流程、规范和技术实现路径进行了深入的案例解剖,为致力于推动业财融合和财务转型的企业提供了操作思路和参考范式。丛书致力于拓宽财务管理人员的知识结构,希望读者读完本丛书后,对智能时代的业财融合有一个清晰、完整、多维的了解。

本系列教材编撰委员会本着立足当代、面向未来、促进新商科发展的宗旨,根据我国业财融合人才的发展趋势、人才培养的目标、培养规格、课程设置、师资队伍建设等进行深入地分析、思考、研究,在全面探索相关行业岗位、专业和学科建设的基础上,构建了理论框架和规范模式,提供了实践范例。我们力求做到分工负责、科学精炼、简洁实用。

(一) 科学精练、分工负责

本丛书是我国目前第一套"业财融合"系列教材,作者聚集了南京地区相关专家,编撰委员会对每本书要求以主编为主导,组建具有丰富教学经验的学习型、创新型编撰团队,编撰、推出首套适用于在校专业教师、相关学生以及在职人员使用的较系统的"业财融合系列教材"。本系列教材紧密结合实践,融合当代最新技术的发展,注重理论知识在业财融合实务工作中的具体应用。业财融合虽已在实务中推广应用,但其尚未形成系统的理论、方法和标准,这些都需要我们不断地探索和求证。为了进一步加强各参编者的责任心,力求完美,尽心尽责,穷尽可能的文献和有价值的案例,系列教材编委会决定,每本书的主编、副主编和参编者,各负其责,尤其是文责完全自负,最后由王开田、蒋建华两位教授统稿、润色和修正。

(二) 定位准确、结构严谨

本系列教材定位于帮助业财融合人员学习和掌握业财融合工作基本范畴和技能,突出针对性、实用性和前瞻性;该系列教材遵循企业价值管理理念,依据经营业务运作规律,运用智能化工具和平台,协同业务与财务的功能与方法,实现整体数据信息从业务到财务、从内部到外部、从静态到动态的实时共享,在结构上进行了大胆的探索。本系列教材形成系列知识体系,各本又自成体系,每篇章按照一定的逻辑顺序逐章展开,力求结构严谨,内容充实。

(三) 质量保障、简洁实用

尽管该系列教材的编写时间短,但我们力求保障质量,理论观点阐述深入浅出,精练实用,重点突出业财融合的基本知识、基本业务、基本技能,以期丰富业财融合人员的知识,提高其能力水平。该系列教材内容精心选材、反复推敲,确保理论、政策、业务上的严谨、精准,语言简练、通俗易懂,注意归纳提炼,选用最新数据资料。通过知识模块、结语等方式,梳理了知识脉络,为学习中加深理解、拓展阅读提供便利。

在本系列教材交于出版社付梓之际,回首近三年的编著过程,心中五味陈杂,如履薄冰。因为没有可供参考的蓝本,我们只能自行探索,从概念讨论到丛书的框架设计,再到每本书的章节安排,我们经历了争论、辩论,阅读了大量的相关资料文献,从中吸收、借鉴有价值的养料;参观、走访了多家央企、国企和民营企业,从不同性质的企业、行业探寻共同的理念,形成最初的概念,构建丛书结构,充实章节内容。在大家的不懈努力下,求同存异,布局开篇,不懈前行,终于形成此系列教材。在此,我们衷心感谢中国企业财务管理协会的李会长、胡秘书长及各位朋友的鞭策、鼓励和支持，感谢江苏省教育厅和三江学院的大力支持和帮助，感谢给我们提供参考意见和建议的专家学者，感谢为我们提供参考文献的作者，感谢中国财政经济出版社的大力支持和厚爱，感谢各位同仁的求真探索精神和毅力。感谢我们的精诚合作！

业财融合系列教材编写委员会

2021 年 1 月

第一章　业财融合概述　(1)

第一节　业财融合的概念与特征　(1)
第二节　业财融合的意义　(6)
第三节　业财融合的概念要素　(8)
本章参考文献　(15)

第二章　业财融合历史沿革　(16)

第一节　业财融合现象的产生与发展　(16)
第二节　20世纪80年代中期：会计核算单机版（电算化）　(18)
第三节　20世纪90年代中期：会计核算网络版　(20)
第四节　20世纪90年代中期至21世纪头10年：管理生产系统集成（ERP）　(23)
第五节　2010年至今："大智移云"　(27)
第六节　未来：区块链技术应用　(31)
本章参考文献　(35)

第三章　业财融合文化引领　(37)

第一节　企业文化与企业管理　(37)
第二节　学习型文化与业财融合　(40)
第三节　"和合"文化与业财融合　(43)
本章参考文献　(47)

第四章　业财融合运行机制　(48)

第一节　业财融合运行机制概念界定　(48)
第二节　业财融合运行机制的关键环节　(56)
第三节　业财融合运行机制的构建　(58)
本章参考文献　(66)

第五章　业财融合技术支撑　(67)

第一节　业财融合技术概述　(67)
第二节　现代信息技术业财融合模式　(89)
第三节　ERP在业财融合中的应用　(102)
本章参考文献　(111)

第六章　业财融合业绩评价　(113)

第一节　业财融合业绩评价体系概述　(113)
第二节　业财融合业绩评价体系的构建　(116)
第三节　业财融合业绩评价的程序和方法　(124)
本章参考文献　(130)

第七章　业财融合师职业能力框架　(131)

第一节　业财融合师职业能力框架概述　(131)
第二节　业财融合师职业能力框架的构建　(134)
第三节　业财融合师职业能力框架解读与实施　(139)
本章参考文献　(144)

第八章　业财融合师职业道德　(146)

第一节　业财融合师职业道德概述　(146)
第二节　业财融合师职业道德规范　(149)

第三节　业财融合师职业道德机制　(154)

本章参考文献　(157)

第九章　财务共享与业财融合　(159)

第一节　财务共享的定义　(159)

第二节　财务共享服务中心　(161)

第三节　财务共享平台的搭建　(163)

第四节　财务共享与业财融合的关系　(167)

第五节　财务共享服务中心模式下促进业财融合的保障策略　(170)

本章参考文献　(172)

后记　(174)

第一章　业财融合概述

本章阐述业财融合的概念、特征与意义，并构建了包括业财融合目标、原则、主体、客体、流程、规范、技术/平台、方法、文化和职业道德在内的概念要素框架。

第一节　业财融合的概念与特征

"业财融合"引起学界和业界的广泛讨论，始于2016年财政部发布的《管理会计基本指引》[①]。该指引第一章第四条指出，单位应用管理会计应遵循战略导向原则、融合性原则、适应性原则和成本效益原则。其中，"融合性原则"是指"管理会计应嵌入单位相关领域、层次、环节，以业务流程为基础，利用管理会计工具方法，将财务和业务等有机融合"。指引第三章第十五条则进一步明确了业财融合的目标，即"单位应用管理会计，应融合财务和业务等活动，及时充分提供和利用相关信息，支持单位各层级根据战略规划做出决策"。

一、业财融合的概念

（一）业财融合概念界定

业财融合是业务财务一体化的简称，通过财务向业务前端进行延伸，打通财务与业务、

[①] 有学者认为，"业财融合"的提法并无新意，其只是一个长期被社会及会计界忽视甚至遗忘的话题，会计自古以来就是"业财融合"。在企业经营过程中，业务催生财务，财务推动业务，二者共生互动，业务与财务相融合即"业财融合"（胡玉明，2017；2018）。

财务与内、外部利益相关者的界限，实现业务流、资金流、信息流等数据源的及时共享，基于价值目标共同作出规划、决策、控制和评价等管理活动，以保证企业价值创造过程的实现。财务与业务融合的关键要以价值链为核心，关注业务链条中的不增值环节和节点，并利用信息化与智能化消除流程中的非增值部分。

业财融合目标的实现可以从两个层面展开：

其一，文化与制度方面。在企业文化层面进行宣导，建立相应的经营理念，所有员工熟悉并接受业财融合的理念；在组织架构方面，可根据企业实际情况考虑是否设立由财务人员和业务骨干领导组成的业财融合部门；制定相应的业财融合评价体系，对各级经营者和基层员工进行评价。

其二，项目实施层面：（1）项目计划：业财融合是一个系统工程，定位清晰、主次分明，要整体规划、分步实施，集中优势资源，解决最迫切的问题；（2）实施团队：建立业财融合部门，选拔优秀人才进入该部门。选拔具备较高能力和职业素养的老员工为骨干，选用具备一定沟通与合作能力并且执行力与接受力较强的新员工；（3）流程再造：以企业的价值链为核心，对不合理、不必要、不增值的流程进行精简优化，结合信息技术对业务流程进行优化和提升；（4）组织再造：确定业财融合部门职责内容、业财融合重点工作、汇报机制等；（5）系统再造：①端到端打通数据流程，实现系统集成和数据共享（从业务到财务）；②加强数据质量管理，规范统一业务语言和财务语言标准（统一主数据管理）；③建立财务数据的价值报告，形成经营活动的财务报告（经营分析报表）；④面向未来的数据洞察体系，基于经营大数据，建立决策支持模型（战略决策支持系统）；⑤建立业财融合的大数据平台，为未来的企业经营发展和战略规划做数据支持。

对业财融合概念的理解，还须掌握以下几个要点。

其一，业财融合的"财"秉持的是"大财务观"，其内涵覆盖核算型财务、管理型财务和战略性财务三个层面[①]。

其二，业财融合的目的是推动财务转型升级，实现企业价值重塑。业财融合要求企业在各项管理工作中，财务活动与业务活动要相互配合，紧密合作，进而在企业管理中实现"1 + 1 ＞2"的协同效应，促进企业价值的创造。

其三，业财融合的前提是通过信息化实现各种数据的实时共享。业财融合的创新在于它是财务、业务、信息技术的三位一体，具体来说是财务人员在实现财务目标的同时，了解企业各项业务的运作状况。它所充当的角色不仅仅是事后核算和监督，更是将信息反馈给业务部门，从而为其决策行动提供参考，帮助企业实现更为有效的资源配置，而信息技

---

① 在实践中，无论是"业财融合"抑或"智能财务"，其"财"均不对"会计"与"财务"概念作严格区分。

术是业务和财务融合的纽带。业财融合通过信息技术将各项资源数据化后实现实时共享。在传统财务管理模式下，财务人员的价值体现在驾驭财务数字，为业务部门提供经营分析支持，或者通过预算、考核等手段帮助业务部门改进绩效等方面。但是随着大数据应用技术的发展，通过人工智能进行大数据分析，进而提出更加优化的建议以及进一步提升资源配置的效率，理应成为财务转型的方向。

其四，业财融合的路径是"融合"，其实质就是将业务和财务结合起来，更好地为企业创造价值。对财务部门与财务人员来说，需要根据企业的发展要求与当前的经营情况制定相应的财务目标，同时围绕制定的财务目标对企业的各项经营业务进行必要的管控，进而实现企业财务资源的最优分配，发挥财务资源的最大效益与效率。而对业务部门及其业务人员来说，要根据企业财务管理目标、预算管理的要求展开业务工作，并在工作开展过程中对财务管理的规范性、可操作性提出合理化建议。业财融合就是以技术手段为媒介，将财务与业务的需求有机地融合在一起，通过精细化的数据细分，实现业务与财务的有机融合。

（二）业务与财务之间的关系

财务与业务同属企业经营管理活动。一般认为财务活动以资金为主线，涉及企业筹资、投资、营运资金管理和利润分配，强调价值管理；业务活动则涉及企业人财物、供产销各个领域和环节，因企业所处行业和类型不同，业务种类呈现多样性特征，不一而足。

1. 业务与财务的联系。

尽管财务与业务有着各自的范畴和要求，在具体目标上不甚相同，但二者的根本目标是一致的，即服务于企业管理的目标。事实上，大部分现代公司财务的基本观念和方法均源于经营常识[①]。财务也可以被视为企业的资金管理业务。

业务和财务在企业中处于同等重要地位。财务为企业管理层及有关信息使用者提供客观、及时、可靠的财务信息，监督和控制企业的资金运动。高效的财务管理可以使企业以最低的代价有计划地筹集资金，并最大限度地提高资金运用效果，它是企业极其重要的管理活动。而业务则直接服务于经济价值的创造。因此，如果离开了强有力的业务机构和有效的业务管理，企业在日益激烈的市场竞争中将无法生存发展。

2. 业务与财务的区别。

（1）概念不同。财务和业务是企业经营的两种管理活动。狭义上的财务定义为在一定

---

① ［美］加布里埃尔·哈瓦维尼，等. 高级经理财务管理：创造价值的过程（第1版）[M] 王全喜，等，译. 北京：机械工业出版社，2003：3.

的整体目标下，关于资产的购置（投资）、资本的融通（筹资）、经营中现金流量（营运资金），以及利润分配的管理。它是企业管理的一个组成部分，即根据财经法规制度，按照财务管理原则和方法，组织企业财务活动，处理财务关系的一项经济管理工作。业务则定义为对企业经营过程中的生产、经营、投资、劳动力、服务、专业技术服务等各项业务按照经营目的执行有效的规范、控制、调整等管理活动。它是企业系统运行的中心环节，采购供应、生产储备、产品销售以及提供业技术服务等，都在业务管理流程中实现，企业的效益也由此直接产生。

（2）性质不同。企业财务是由财务部门负责的，主要对企业财务资金进行严格的管理、运用、分配，以及对财务信息进行分析整合提供决策依据等，可以说，企业财务主要侧重于企业资金流动管控以及企业价值管理。企业业务则由各业务部门负责，主要任务是分析市场发展状况、找准市场机会，制订市场营销战略及技术服务，实施控制企业业务活动等，主要侧重于开拓市场、进行需求分析与管理。

3. 业务与财务相互作用。

业务是财务赖以存在的基础。所有业务活动的开展都需要消耗财务资源，其最终目的是获取更多的财务资源。因此，财务既是业务的起点，亦是业务的终点。

（1）财务预算以业务为基础和出发点。企业在制定财务计划和财务预算时，应当以业务为起点，体现市场需求导向；而业务预算是由业务人员制定的，需经财务部门把关复核。

（2）财务是支持业务承揽成功的基础。首先，充足的资金、良好的财务状况和倾向于市场的财务政策对增强市场份额具有关键作用。其次，充分的现金流和业务活动中获取的利润，可以帮助业务部门争取市场，取得良好的经济效益，创造良好的资金环境；同时，卓有成效的业务活动可以扩大市场份额，增加销售收入，及时回收货款，降低营销成本，改善企业财务状况，提高企业竞争能力，从而带来企业运转的良性循环。

（3）业财融合，相互促进。通过业财融合，业务驱动带动财务不断智能化，使企业财务从传统核算不断向大管家、业务合作伙伴、战略赋能者的职责演进。另外，通过业财融合，推动了智能财务向纵深发展，提升了企业财务转型升级的速度和质量。通过新技术落地不断推动企业数字化转型，业务数字化和标准化程度越来越高，基于数字化需求的后台支持决策效率也越来越高。通过财务共享实现的财务标准化和智能化不断促进基础财务向管理财务职能的转变。由于新技术的不断落地，传统财务工作比较难实现的全面预算、作业成本法（ABC）、本量利（CVP）分析法等各类管理会计的落地技术难度不断降低，实现基于多维作业中心的费用赋能模式核算并分配期间费用与制造费用等。借助数字技术的发展，智能管理驾驶舱与智能管理数字赋能系统将以往滞后的数据量化并反馈的"事后"

模式，转换为根据数据实时整理归纳得到实时结果的"事前"模式。随着业财融合的推进，财务的预测和风险防控功能必将得到有效的发挥。

4. 现阶段业财融合存在的问题。

（1）业务与财务部门关联性弱，数据共享性差。在企业中，业务部门和财务部门是相互独立的部门，因此在数据的处理方面都是从有利于自身业务的角度出发，数据口径不一，数据使用效率较低，无法进行业务部门和财务部门的数据共享，重复统计，不但浪费时间、人力和企业资源，还会产生不必要的企业内部矛盾。

（2）财务部门缺少对业务的理解。业财融合需要企业的财务人员具备较高的专业素质和综合能力，但由于企业业务部门和财务部门工作的独立性，企业财务人员对业务部门的具体工作了解少，融入业务的积极性不高，而业务人员对财务人员的介入存在偏见，不愿财务人员介入其业务中，财务部门不能将数据与实际情况有效地结合和处理，业务部门反馈的数据也会被延误，这样就导致财务人员的分析报告缺乏实际使用价值。

（3）财务与业务工作标准的矛盾。企业财务活动是根据相关的法律、制度开展的，如税法、会计法以及会计制度等，财务部门开展工作需要严格按照相关制度规定开展，具有较强的规范性、严肃性与强制性。但对于业务部门来说，业务活动是具有较强灵活性的，可以随时根据市场变化进行调整。财务与业务之间工作标准的不同导致双方有工作交集时会产生较多的矛盾与问题。如业务部门在调整业务活动时，往往希望财务部门也能随之灵活变动，但对于财务部门来说，任何财务活动都必须按照严格的制度及流程进行，不得随意进行变更。

（4）缺乏有效的信息交流载体。有的企业缺乏成熟的信息交流载体，或者虽然已经建立财务信息系统，但其功能不够完善、不够齐全，况且现有的财务处理功能无法满足大数据分析的需要，导致现有财务信息的质量不够高，分析结果不够科学准确，无法适应业财融合对信息化水平的要求。

二、业财融合的特征

业财融合作为一种崭新的财务管理模式，越来越得到企业的青睐。了解业财融合的特征对于企业克服传统财务管理模式的弊端、推进财务转型、实现价值增值至关重要。

（一）业财融合重在流程重塑

业财融合是基于业务流程和财务流程开展的，强调的是企业整体业务层面与财务流程及其机制间的有机融合，因而业务和财务的流程重塑是业财融合的首要环节。通过信息化手段促使企业业务管理与财务管理高效结合，同时将财务管理流程起点置于业务流程起点之前，使企业生产经营过程中的业务工作与财务工作高效协同。业财融合涵盖财务前向融合和业务后向融合（孙庆亮，2019）。财务前向融合，是指财务流程以业务流程为起点，应用财务控制方法及解决方案对业务流程中的问题进行解决和规避。业务后向融合，是指业务流程的全过程要为财务提供完整的、即时性强的业务数据，使其成为获取财务数据的基础，最终为企业决策和风险控制提供参考。

（二）业财融合以企业生产经营活动全过程为管理对象

业财融合的管理模式要求财务部门要全方位地参与企业的管理经营活动，在事前要进行系统的财务评估和预测，在事中要进行实时的监督和控制，在事后要进行分析与评价，并将评价结果及时传递给相关的业务部门，以便其采取有效的措施来改进业务流程，进而提高业务水平。

（三）业财融合共享知识和信息

业务人员和财务人员在企业生产经营活动中的职责是不同的，他们各自拥有的知识和掌握的信息不同，发挥的职能不同。但知识和信息是可以共享的，通过实时共享可以发挥知识和信息的最大功效。业财融合实质上是业务部门和财务部门通过共享他们各自所拥有的知识和信息，共同创造最大价值的过程。

（四）业财融合以组织协同和理念融合为实现途径

业财融合需要企业各部门之间的配合协作，作为企业的两大核心部门，业务部门和财务部门之间需要改变职能分置、各自为战的状况，通过组织上的协同和理念上的融合，携手推动企业发展。

第二节

业财融合的意义

在当前企业高质量发展背景下，财务人员借助业财融合，全程参与企业经营业务，是财务转型的第一要务[①]。业财融合的实践意义体现在以下几个方面[②]：

一、有助于推动财务管理的精细化

业财融合可以使企业更快地实现从粗放型管理模式向精细化管理模式转变，帮助企业对资金和业务进行高效的管理，激发管理价值，促进企业健康发展。实施业财融合后，企业财务部门和业务部门将通过共享平台实现现金流、信息流、数据流等关键信息的共享，及时掌握重要的信息可以帮助各部门加强协同合作的默契，对接各个业务流程情况，了解业务实际经营状况和资金资源利用效果，推动企业财务管理更加精细化。

以全面预算管理为例，传统的全面预算管理往往以年度为周期，基于年度循环进行资源配置，预算编制结果与业务实际缺乏关联性。业财融合模式要求资源配置应当具备更加细化的时间颗粒和维度颗粒，充分考虑不同时间周期内业务经营的实际特点，进行差异化资源配置，向作业预算方向进行深化。

二、有助于提高管理决策的科学性

财务工作的一个重要作用就是通过提供真实可靠的财务信息帮助管理层科学决策。有效的业财融合可以为管理层提供更好的决策支持。传统的分析技术因计算能力的不足，采用抽样统计分析，扩大了数据分析的偏差[③]。大数据和云计算技术的发展，使大型数据分析平台的搭建成为可能，借助此平台，业财融合可以将大量的财务信息和经营业务实际情况结合起来，通过大数据分析与高级财务分析工具的运用，可以实现数据的快速分析和数据类型的相互转换，形成高质量的财务分析报告，有助于管理层作出更加科学的决策。

三、有助于增强风险管控能力

在经济全球化背景下，风险管控与合规建设成为企业谋求长远发展必须关注的重要课题。业财融合将财务与业务各环节紧密联系，可以对经营活动的关键环节进行完整的、严

[①] 党的十九大和中央经济工作会议作出了"中国特色社会主义进入了新时代，我国经济发展也进入了新时代"的重大论断，指出新时代我国经济发展的基本特征是我国经济已由高速增长阶段转向高质量发展阶段。
[②] 胡玉明（2019）认为尽管"业财融合"古而有之，但在当今互联网时代，其仍然具有重要的实践意义。
[③] 传统分析技术甚至无法对半结构化和非结构化数据进行分析，不能将收集到的数据最大限度地转化为有用信息。

业财融合概念结构

格的、规范的、有效的闭环管理与监督,及时有效地发现每一个业务环节(如境外投资、资金链、采购、销售回款等重要环节)的潜在风险点,保障业务活动正常开展。

第三节 业财融合的概念要素

业财融合的概念要素由业财融合的目标、业财融合原则、业财融合主体、业财融合客体、业财融合流程、业财融合规范、业财融合技术/平台、业财融合方法、业财融合文化和业财融合职业道德共同构成。

一、业财融合目标

一般认为,现代企业的总体目标是通过经营企业的资源,实现价值增值。业财融合旨在通过业财一体化,摆脱以往业务和财务割裂的局面,提升财务管理能力,更好地服务于企业总体战略和业务需要。业财融合的目标可细分为以下几个方面。

(一)破除信息孤岛,实现信息共享

传统分工带来的信息孤岛问题使企业设计的财务流程中数据存在普遍的滞后性,业务部门与财务部门各自采用独立的软件处理相关的数据和信息,财务数据与业务数据之间相互隔绝,对于不了解业务部门工作内容的财务人员来说,从一开始的数据搜集和整理,原始凭证的录入和各种账簿的登记,然后编制记账凭证,到最后以账簿和凭证为依据编制会计报表,在这个财务流程中所加工和输出的会计信息中,存在数据与数据之间关联性不强的问题,那么财务部门对外报告的信息可能会影响到企业管理层的决策。因此,加快业务部门和财务部门的融合可以打破两部门间的信息孤立的局面,从而实现信息共享。大数据和云计算等现代技术使企业在业财融合的过程中信息的传递更加实时、完整,企业管理者能够实时地监控业务前端信息和财务部门对外实时报告的财务信息。

案例 1-1

国网 A 公司运检分公司依托智能管控平台推进业财融合

国网 A 公司运检分公司创新运用智能管控平台为核心的运检管理模式,为业财融合推

进管理价值重塑提供了基础。

该公司通过智能管控平台集成的多套应用系统，实时、全面、精准地展示各类静态和动态数据，实现对设备状态的全景可视，强化设备的运行属性监测，通过对静、动态数据的比对分析，及时掌握数据异动及异常发展趋势；通过平台自动推送的故障告警，可第一时间获知故障情况，根据辅助研判信息以及查询其他辅助监视系统，实现异常情况的信息收集、分析研判和指挥协调，及时为现场故障异常处理提供技术支持；通过平台进一步强化缺陷管控能效，建立更加扁平化的缺陷管理流程，全过程跟踪管控缺陷处理情况；通过平台及时掌握各类主设备异常情况，自动推送设备预警信息，强化对各类潜在风险预判与防控能力，实现对基层单位的"警钟长鸣"，防患于未然。

通过全面监督每日工作进展情况，加强工期管控目视化管理，实现计划任务执行管控；通过视频检查以及系统检查等多元手段，远程督查作业现场，强化作业现场行为规范以及工作质量检查，保障作业现场安全可控；结合巡视记录登记情况，通过视频回放查看相关工作开展的真实性及工作质量，全面提升运维和检修工作质量；通过平台进行设备周期治理检查，实施基于大数据的专家诊断与精益分析，对数据进行智能化处理，为设备检修策略制定和异常情况下指挥协调提供技术支撑；融合视频会商系统以及智能穿戴装备，实现领导、专家与现场多层级实时互动，配合故障快速定位、研判功能，发挥统一指挥、专家指导、协同调配优势，从而达到提升运检管理穿透力的目标。

企业财务信息的准确性，依赖于前端业务执行的合规性。因此必须将财务视角延伸至业务前端，实现有效的业财融合。国网A公司"三集五大"的体系优化实现了对公司人、财、物资源的集约化管控，构建了大规划、大营销、大运营、大建设与大检修五大体系，涉及电网企业价值创造的全过程。这就要求财务部门充分发挥价值分析与控制职能，高效地配置和运用企业资源，帮助公司实现企业价值最大化的目标。公司以成本管理为切入点，将其作为财务与业务联系在一起的主线，通过最经济设计成本、价值工程分析等一系列工具，实现成本管理流程再造，将成本管理重心前移到成本产生的源头环节，从项目储备就开始实施成本精细化管控，逐步形成项目预算落实、责任到人、控制到位、信息畅通、严格考核、管理闭环的新型成本管理模式。

（二）建立精细化预算管理模式，优化配置企业资源

财务部门作为掌控企业资金流的重要一环毋庸置疑，但如果预算的编制仅仅聚焦在财务部门范围内，其后果必然是编制的预算无法科学地反映企业真实的经营需求（张林等，2015）。基于业财融合之下的预算编制应当考虑企业生产经营实际情况并对战略目标进行层层细化分解，使其落实到企业采购、生产、销售等具体领域和环节。借助现代信息技术,财务和业务部门各类数据指标的核算更加准确、及时,在此基础之上得到的预算各项数据可靠性更强,预算精细化程度更高。

(三)利用大数据平台,建立"嵌入式"全过程风险管控体系

根据国际标准化组织发布的《风险管理指南》(ISO31000,2018),风险管控是所有公司活动不可分割的一部分,即风险管控是"嵌入到"而不是"附加于"公司现存的实践或业务过程之中。风险管控应当贯穿于公司管理的全过程,通过建立和运行风险管控体系,使风险管控的理论、流程、技术和方法融入公司各项活动之中。业财融合作为一种强调全过程管理的财务管理新模式,无疑契合了ISO31000提出的风险管理"融入过程"的原则。财务部门的触角延伸至各业务部门,也便于风险管控以适当的形式引入利益相关者的及时参与,有助于获得利益相关者关于风险的知识、见解和感知,以便更好地了解风险并作出知情决策[1]。

有效风险管控决策的基础是历史的和当前的信息,以及对未来的预期。风险管理应当考虑这些信息和预期的局限性和不确定性,并确保所有利益相关者能够充分获取及时、准确的信息[2]。基于业财融合搭建的信息共享平台为最大化获取风险管控所需信息提供了数据支持。

(四)有效支持企业经营管理决策

业财融合一方面促使企业财务部门更全面地掌控业务数据的产生过程,通过对业务数据的完整收集、传递及加工,促使业务数据更具合规性,继而保障财务数据的源头质量,最终提高财务信息的质量。另一方面,业财融合下的信息收集,能够促进业财数据的实时性转换和分析。这是企业财务部门和业务部门高效协作的结果,有了财务部门对业务数据的及时转换,财务数据的时效性会更强,从而保障企业依据财务数据进行科学决策。事实上,企业可以通过建立云端业财数据库、内部数据平台等途径获取实时性业财数据,以充分发挥业财融合的信息支撑职能。

二、业财融合原则

业财融合的实施应遵循以下五项原则。

---

[1] 此为ISO31000提出的包容性(Inclusive)原则。
[2] 此为ISO31000提出的获取最佳信息(Best available information)原则。

(一) 战略导向原则

业财融合首先应遵循战略导向原则。无论是业务部门，还是财务部门，均应当了解企业战略目标，清晰、准确地解读高级管理层达成的战略共识，预判企业战略将对企业各部门、各层级和各领域带来的影响。财务部门要做到财务管理与企业战略目标的达成路径相匹配，明确企业战略目标对财务资源的需求及对财务管理的要求，实现财务工作对战略的有效配合与支持。

(二) 全面性原则

业财融合应当是全过程、全方位的融合，应当贯穿决策、执行和监督全过程，覆盖企业及其所属单位的各种业务和事项。全面性原则还体现在企业应当营造业财融合文化氛围，规范制度流程，建立价值发现与创造的长效机制。

(三) 重要性原则

业财融合虽然致力于全面融合，但限于企业资源的有限性，应当重点关注重大决策、重大风险、重大事件和重要业务流程，根据决策、事项、业务和风险的重要性（可按照对企业战略目标实现的影响程度来划分）等级合理配置风险管理资源。

(四) 成本效益原则

业财融合应当遵循成本效益原则，管理层务必权衡业财融合实施成本与预期效益，以适当的成本实现有效融合[①]。业财融合是一个企业各方参与的、复杂的融合过程，因此，业财融合实施过程应该遵循一定的顺序，有条不紊地实施。企业在实施业财融合过程中，应当基于成本效益原则，忌贪大求全，可以先从某个关键业务层进行试点，然后再逐步推广。

(五) 动态性原则

随着内外部环境的变化，企业面临的风险也可能随之变化。业财融合须遵循动态性原则，以适当的方式及时对这种变化作出调整。财务部门要深度参与企业经营计划的制定与管理，站在财务视角评价业务部门当前经营计划设置的合理性，实现经营计划与财务能力的动态匹配。

---

① 业财融合的预期效益可从融合的效率、融合是否促进价值创造两个方面衡量。

三、业财融合主体

推动业财融合的主体是财务人员。图 1-1 描述了业财融合主体的工作路径。财务人员首先要具备"向上看"的意识,准确解读企业战略目标是什么,这也是业财融合战略导向原则的要求。在实践中,由于企业业务部门和财务部门工作的相对独立性,财务部门往往缺少对业务的深入理解。虽然企业的财务部门是天然的数据中心,但是"业"是企业的"皮","财"是企业的"毛"(胡玉明,2019)。皮之不存,毛将焉附?企业的经济业务是根本,财务数据是结果。数据本身未必有价值,只有挖掘、洞悉数据背后的逻辑,将数据转化为战略制定、经营决策和管理控制的依据,数据才有价值。

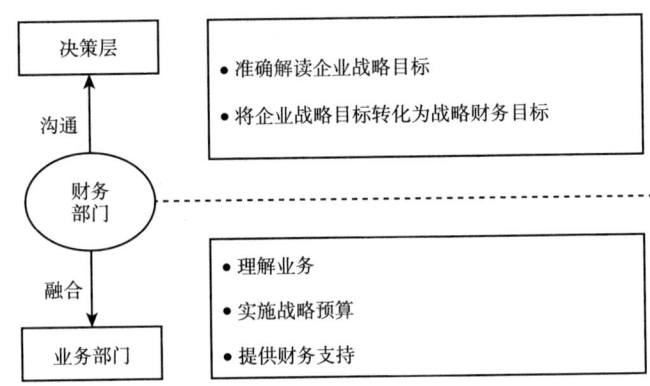

图 1-1　业财融合主体的工作路径

以财务指标"存货周转率"为例,财务部门很容易根据有关财务报表数据计算该指标,但该指标隐含的业务逻辑是什么?其对于风险管控有何意义?根据业财融合的要求,财务部门可将该指标作为存货积压风险的预警指标,利用业财融合数据平台,对标同行业,通过建模设置预警区间(预警线),及时向采购部门和销售部门提示存货积压风险。

四、业财融合客体

业财融合的客体是企业组织的各项经营管理活动,包括资金管理(筹资、投资、营运资金管理)、采购业务、资产管理、销售业务、研究与开发(R&D)、工程项目、担保业务、业务外包、全面预算、合同管理等。财务部门应当协同相关业务部门在广泛调研的基础上,全面梳理现有业务流程和制度,识别关键融合点,最终形成基于业财融合的新业务流程和制度。

五、业财融合流程

对业财融合流程的理解，可以从两个维度展开：其一是内容维度，业财融合流程可细分为财务流程、业务流程和管理流程[①]；其二是工作程序维度。从工作程序维度来看，业财融合流程包括：（1）界定业财融合需求；（2）分解业财融合目标；（3）成立由财务部门牵头、各业务部门参与的业财融合工作组；（4）收集企业内部、外部信息（包括行业信息、国内外宏观经济运行状况）；（5）编制业财融合具体方案，组织实施。

六、业财融合规范

业财融合规范包括财务管理规范和业务管理规范。财务管理规范包括会计基础工作规范、资金收付规范、授权审批规范、财务复核规范、付款规范等。业务管理规范包括出资规范、采购业务规范、投资业务规范、筹资业务规范、资金运营规范、存货业务规范、固定资产业务规范、无形资产业务规范、纳税业务规范、销售业务规范、研发业务规范、工程项目管理规范等。

七、业财融合技术/平台

（一）财务核算全流程自动化系统

以智能感知、数据爬虫、OCR、电子发票、移动支付、RPA、自然语言理解、基于知识图谱或处理规则的专家系统、会计信息标准以及神经网络等技术为基础建立的财务核算全流程自动化系统，使基于规则的、人工重复且耗时的事务性工作可以自动化方式完成，推动了财务转型。

（二）智能财务决策支持系统

智能财务决策支持系统基于数据挖掘、神经网络、知识图谱、遗传算法、大数据分析、对话机器人、智能预警、智能诊断和虚拟展示等技术，运用数量经济学、模糊数学、

[①] 内容维度的业财融合流程详见蒋建华、戴雪艳主编的《业财融合规范》第一章，中国财政经济出版社，2021年第1版。

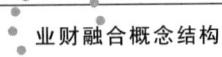
业财融合概念结构

信息论、控制论、系统论等理论和工具,是一种面向财务预测、控制、分析与决策一体化的应用。

(三) 企业智能财务共享服务平台

企业智能财务共享服务平台以数据爬虫、OCR、专家系统、RPA、电子发票、电子档案、移动计算、财务云、数据挖掘、数据展示等技术为基础。实际上,该场景是第一种应用场景和第二种应用场景在财务共享服务平台上的综合应用。

(四) 人机智能一体化业财管融合管理平台

人机智能一体化业财管融合管理平台以云共享、大数据处理、物联网、机器人,以及自然语言理解、深度学习模型等技术为基础,是一种基于强人工智能技术的应用场景。主要强调两方面的融合:人脑智能、人工智能以及环境之间的相互作用和融合;企业业务活动、财务活动和其他管理活动的深度融合。

八、业财融合方法

业财融合涉及战略管理、预算管理、成本管理、营运管理和投融资管理等领域,其方法体系参见表1-1。

表 1-1　　　　　　　　　业财融合方法体系

业财融合方法	业财融合工具
战略管理方法	战略地图、价值链管理
预算管理方法	预算编制
成本管理方法	目标成本管理、标准成本管理、变动成本管理、作业成本管理、生命周期成本管理
营运管理方法	本量利分析、敏感性分析、边际分析、标杆管理
投融资管理方法	贴现现金流法、项目管理、资本成本分析

九、业财融合文化

在某种意义上,"融合"意味着企业内部利益边界的调整。企业应当根据所处行业的特点培育具有自身特色的业财融合文化,大力提倡团结协作精神,激励职工参与意识,形成企业的向心力、凝聚力和发展动力。

业财融合作为一种新型的财务管理模式,其助推剂是新技术的应用,为此,企业应当着力营造学习型文化氛围。埃德加·沙因（2014）在其著作《组织文化与领导力》中指出，学习型文化强调当人类的行为与其环境相关时，恰当的行为方式是做一个前瞻性的问题解决者和学习者。学习型文化必须建立在信息交流的基础上，因此业财融合文化建设应当承诺全面、开放地进行与工作方面的沟通。无论是财务融合业务，还是业务融合财务，这种沟通是业财协同的有效前提。

十、业财融合职业道德

职业道德是指从业人员在职业活动中应该遵守的行为准则，涵盖了从业人员与服务对象、职业与职责、职业与职业之间的关系。业财融合职业道德则是业财融合执业活动中应遵循的、体现职业特征的、调整职业关系的职业行为准则和规范。良好的业财融合职业道德应具有三种功能：第一，有效地缓解或消除业财融合过程中的机会主义行为；第二，降低业财融合的实施成本；第三，推动业财融合文化建设。

本章参考文献

[1] ISO31000. 2018. Risk Management：Guidelines［R］.

[2][美]加布里埃尔·哈瓦维尼，克劳德·维埃里. 高级经理财务管理：创造价值的过程（第1版）［M］王全喜，张晓农，王荣誉，译. 北京：机械工业出版社，2003.

[3][美]埃德加·沙因. 组织文化与领导力（第1版）［M］章凯，罗文豪，朱超威，等，译. 北京：中国人民大学出版社，2014.

[4] 财政部. 管理会计基本指引［S］. 2016.

[5] 胡玉明. 中国管理会计理论研究：回归本质与常识［J］，财务研究，2017（03）：14-21.

[6] 胡玉明.《管理会计指引》解读［J］，新会计，2018（03）：6-13.

[7] 胡玉明."业财融合"：开启一个尘封已久的话题［J］，新会计，2019（08）：6-11.

[8] 孙庆亮."业财融合"在企业的实现途径分析［J］. 中国商论，2019（17）：114-115.

[9] 张林，丁鑫，谷丰."互联网+"时代会计改革与发展——中国会计学会2015年学术年会观点综述［J］，会计研究，2015（08）：93-95.

第二章　业财融合历史沿革

"业财融合"又称"业务财务一体化",顾名思义,其核心概念是财务活动与业务活动的融合与发展。国内业财融合的概念最初由实务界提出,同时该专业词汇的延伸很大一部分是从国内实务界产生,因而学术界对"业财融合"的理论研究较少,大多是对业财融合实务发展中的优劣势、难点以及有效推行的措施等进行研究,针对性较强。本章研究的主要内容是业财融合现象的历史沿革,将我国业财融合发展的历史分为五个阶段进行阐述。

第一节　业财融合现象的产生与发展

"业财融合"这一术语主要产生于我国管理会计的发展。但国外管理会计发展进程中的某些理论都暗含着"业财融合"这一概念的本质。1994 年 Oliver Wight 提出了 MRP 理论,即制造资源计划。该理论主张利用互联网信息技术将企业内部信息数据进行连接,从而使信息数据在企业内部流通运用,管理者能够进行前端与后端信息的对比,得出更加准确的资源计划。从 MRP 理论可以看出,内部信息的连接暗含着如今的业财融合的内涵。1995 年,Michael Hammer 提出了业务流程再造理论,即 BPR 理论。该理论提倡企业业务流程应该重新梳理、构建或设计,使企业运营效率得到提高。BPR 理论奠定了学者研究业财融合的基础。MRP 理论以及 BRP 理论的运用为"业财融合"现象的产生奠定了理论基础。

业财融合现象主要产生于企业内部会计信息化的发展。会计信息化产生的一个标志是企业内部业务与会计软件 ERP 的融合应用。我国软件行业协会于 1998 年顺利召开了"向

第二章 业财融合历史沿革

ERP 进军"的会议,该会议提出会计信息化是会计电算化未来重要的发展方向,该会议标志着我国商业化会计软件主要功能的改变,即由原来的会计核算向管理功能的转变。ERP 系统的应用代表着企业财务与业务的初步融合。

2009 年,在"十二五"期间国家电网公司首次提出了"三集五大"发展战略,主要包括两个重大的转变:一是改革公司发展方式;二是改革电网发展方式。"三集五大"主要是指对人力资源、财政、物资进行集约化管理;对于企业的产品进行大规划、大建设、大运行、大检修以及大营销。国家电网公司提出的"三集五大"策略本质上就是企业内部各个业务与财务部门的相互连接与融合,这种策略是国家电网进行业财融合的初步展现。

我国正式将"业财融合"概念引入管理会计体系建造中是在 2014 年。2014 年 10 月 27 日,财政部发布了《关于全面推进管理体系建设的指导意见》,该意见指出"管理会计是会计的重要分支,主要服务于单位内部管理需要,是通过利用相关信息,有机融合财务与业务活动,在单位规划、决策、控制和评价等方面发挥重要作用的管理活动"①。随后,财政部于 2016 年 6 月 22 日发布了《管理会计基本指引》,该指引进一步明确了业财融合对于我国会计信息化以及智能化发展的重要性:"单位应用管理会计,应遵循融合性原则。管理会计应嵌入单位相关领域、层次、环节,以业务流程为基础,利用管理会计工具方法,将财务和业务等有机融合。"② 至此,业财融合在我国正式推行。

我们认为"业财融合"属于管理会计的范畴。因此,业财融合的发展历程在一定程度上也代表着管理会计的发展。为何产生业财融合的概念?这主要由企业业务管理的复杂性与财务处理的一致性决定的。大多数学者认为企业业财融合信息系统的发展代表着业财融合的发展。因此,企业数字化发展的进程也在一定程度上代表了业财融合的发展历程。因而,我们将业财融合的发展历程分为五个阶段:(1) 会计核算单机版(电算化);(2) 会计核算网络版;(3) 管理生产系统集成(ERP);(4) 大智移云;(5) 区块链技术应用。

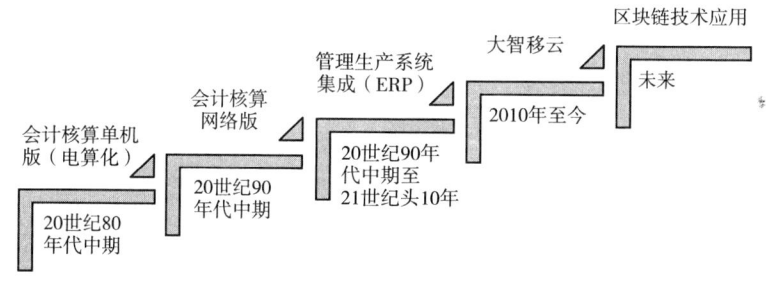

图 2-1 业财融合发展历程

---

① 中华人民共和国财政部. 关于全面推进管理会计体系建设的指导意见 [A]. 2014.
② 中华人民共和国财政部. 管理会计基本指引 [A]. 2016

从图2-1可以看出：20世纪80年代中期我国处于会计核算单机版（电算化）阶段；20世纪90年代中期我国处于会计核算网络版阶段；20世纪90年代中期至21世纪前10年我国处于管理生产系统集成（ERP）阶段；2010年至今我国处于"大智移云"阶段；业财融合的未来主要是依据区块链技术的应用。接下来我们将分别着重对这五个阶段进行详细阐述。

第二节 20世纪80年代中期：会计核算单机版（电算化）

科技革命伴随着财务的演变，复式簿记标志着现代会计学的建立，算盘和账本是最早的计算和记录工具，清晰反映了企业业务往来和经营情况。细数财务会计的变革历程我们不难发现，科学技术的变革是引发财务会计不断飞跃的主要原因。会计电算化便是财务会计第一次飞跃的主要成果。会计电算化以其数据式思维以及计算机的应用成功取代了一部分手工记账工作，带来了会计核算中计算与存储功能的飞跃。

我国的会计电算化是从20世纪70年代末期开始的。1979年，财政部对长春第一汽车厂进行首次计算机与会计相融合的举措标志着我国会计电算化的初步开始。这一重大举措主要目的是彻底改变我国会计行业手工核算方式落后的现状。

1981年，财政部与会计学会以及第一机械工业部联合举办了"电子计算机在财务、会计和成本中的应用研讨会"。此次专题研讨会不仅代表着"会计电算化"在我国正式投入实施，同时首次提出了会计电算化的概念。

1982年，国务院成立了计算机和集成电路领导小组，同时此小组在全国发达地区进行计算机应用的推广，主要地区包括北京、上海、广州等。

1984年，为了响应国家会计电算化发展的号召，财政部财政科学研究所开始着手招收会计电算化研究生，这代表我国会计电算化领域高等教育开始了新的征程。同年，中国人民大学开始组织高校研究生为北京及石家庄地区的部分企业进行会计软件的开发，主要是为了减轻企业日常会计账务处理、报表编制等工作。

1987年，我国财政部颁布了《关于国营企业推广应用电子计算机工作中若干财务问题的规定》，该规定主要从两方面来推动我国会计电算化的发展：一是提倡发展基金；二是严格管理成本支出。

1988年6月，我国首届由财政部财政科学研究所主办的会计电算化学术研讨会在河北承德顺利召开，该研讨会提出了会计电算化的发展方向：通用化、商业化。同年 8 月，会计学会也举办了学术研讨会，该研讨会旨在为会计电算化软件的实际应用提出有效的、合理化的建议。

在国家经济社会快速发展和深化改革创新开放的初期，我国公共财政工作进展缓慢，财务管理工作并未真正得到国家统一规划和科学引导。大部分财务工作者对计算机应用较为陌生，同时我国也缺少财务工作相关的机器设备和经验丰富的人才。因而在此期间，我国财务工作的首要任务是恢复和完善财务会计制度，保障财务会计工作的有效运行。与此同时，会计电算化开始在我国逐渐推行，但处于一种自行实验阶段，大多数实行电算化的单位是自行组织和设计的。这就使会计核算软件的开发成本高，投资回报的周期长，应用水平较低。

我国会计电算化初始阶段对会计信息的要求较低，主要是对其准确性的保证。准确性主要表现在会计信息的真实可靠。在此阶段，为了达到财务部门信息整合互通以及数据共享的要求，会计人员有必要及时、全面、准确地提供会计信息。实施会计电算化首先能够提高财务工作的效率及会计信息的质量，在一定程度上减少工作人员的劳动付出；其次，会计电算化能够促进会计标准化业务的开展，促使会计人员学习计算机知识，很大程度上提高会计人员的个人素质；最后，会计电算化的开展不仅仅是提供财务信息，还能提供管理信息，引导会计功能的转变与发展。

同时也仍然存在几个问题：首先，会计电算化在此阶段只是使用计算机代替人工记账及编制报表，其本质上就是简单地对数据进行收集和分类。此时处理后的数据仅是一个半成品，在没有相互连接的语句中散布着大量数据，从而逐渐形成了信息的孤岛。这对于会计人员来说很难做到横向和纵面的比较分析，历史数据的作用也会大大减弱。其次，由于此时科技发展的有限性，会计电算化的运用不能给企业带来综合性的财务管理功能。其中的局限性主要表现在缺乏一套集成化的财务会计信息系统。这就造成了企业在整个财务管理过程中无法做到整体性的控制与安排。由于企业不能实时掌控生产和采购的资金流信息，财务数据库系统与生产、采购、销售等各个环节发生了脱节。因此，初级阶段的会计电算化软件功能并不完善。

我国会计电算化史上最早的一款会计品牌软件是由江苏久久软件集团有限公司开发的第一款会计业务集成软件——AC990 会计软件。这是最早由我国财政部、内贸部等批准的会计软件，并在全国进行了推广，它是会计电算化初级阶段较为优秀的一款会计核算软件。这款软件共划分为三个版本：低端包括普及版，中端包括通用版和 C/S 版，高端包括 B/S 版。其中的核心思想就是从基本做起，层层向前推进，将会计电算化完全普及。这并非一个单一的企业财务软件，其能够从管理层面上为所有用户提供具有业财一体化理念的方案，从而能够在一定程度上实现企业内部流程中财务与业务管理活动的信息共享。AC990会计软件单机版的组成部分主要包括账务、日记账、银行对账、财务报表、薪酬等几大模块，是将专项核算、账表处理、凭证管理等多种功能集于一体的会计软件。

随着会计软件的不断开发和改进，会计电算化不仅解决了企业的会计问题，还有助于管理企业的资金流、物流和信息流。同时，会计电算化还能够综合分析企业内部的各种财务指标，旨在为企业构建独立的财务数据分析系统。综上所述，我国为了完善会计制度以及促进财务管理的有效进行，亟需财务和业务集成化的软件。

第三节

20世纪90年代中期：会计核算网络版

20世纪80年代末到90年代中期是我国经济和会计电算化有序、快速推进的时期。在我国会计信息系统电算化逐渐推进的过程中，财政部通过一系列调查研究后发现：我国在开展会计电算化进程中应将会计软件商品化，同时将会计服务社会化，并加强对会计软件的组织、规划及管理。

我国第一个对会计电算化进行规范要求的文件《会计核算软件管理的几项规定（试行）》由财政部于1989年12月颁布。该规定的颁布为我国会计软件商业化发展提供了稳定有序的生长环境，同时也促进了我国会计电算化的改革与发展。这一时期会计电算化软件的主要功能是会计核算。此时开发会计软件的主要目的是取代手工记账，减少会计人员的手工抄录与计算等工作，提高工作效率。

随着会计核算软件管理办法的颁布，我国会计电算化逐渐推行，同时会计软件的开发与应用范围也不断扩大。国际大型会计软件与本土会计软件同时在我国会计市场中喷涌勃发，百花齐放。本土会计软件如用友、金蝶、金算盘等逐渐应用，这推动了我国会计核算软件在企业内部的应用与发展，从而促进了我国会计电算化的发展。

1994年，财政部明确提出2000年我国首次实现会计信息系统电算化这一目标，并随之颁布了相关的信息系统规范与实施办法：（1）我国的会计信息系统电算化监督管理实施办法；（2）财务会计软件的基本功能要求规范；（3）商业会计软件的商品化审批准则；（4）有关会计信息系统电算化知识的培训与管理办法等。这一系列规范和办法的颁布与推行使会计电算化在培训及教育等方面得到发展。

1996年，财政部财政科学研究所正式成立了第一个关于"会计电算化"的博士点，这加快了其他高校对会计电算化博士生的招收进程，使会计电算化成为会计学科研究方向的重要里程碑。

1996 年以后，会计电算化软件的发展进入转型期。我国市场经济体制的不断完善使具备单一会计"核算"功能的软件逐渐不能满足企事业单位管理层面的需要。为了有效促进会计软件的商业化，财政部颁布了一系列关于会计电算化软件的开发、实施、管理、评估的相关规定，会计软件的商业化水平也正在逐渐提高。与此同时，会计电算化软件的版本也随之升级，功能也在逐渐增强。据统计，截至 1998 年年底，我国正式进行和接受会计软件电算化技术培训的专业会计人员大概有两万名，这为之后几年我国会计软件行业的发展及其在会计软件实际应用中的研究提供了技术和人员支持。

一般来说，会计的本质是对经济的一种反映和监督。会计电算化的推行和发展既是对我国现代会计管理和改革的要求，又是社会科学技术进步的必然结果。会计电算化的飞速发展离不开科学技术的不断进步。我国信息技术的发展为会计电算化的不断进步提供了有力的支撑，促进会计电算化进入转型期。

会计电算化系统具备诸多优势：首先，它能够在很大程度上减轻会计人员和业务工作者的日常工作强度，减少手工收集信息的难度，提高工作效率；其次，它能够大大提高会计核算的精度和准确性；最后，它还能够规范会计管理的流程，促进我国经济体制改革。因此，会计电算化为会计核算、会计岗位、会计监督以及财务管理等带来重大影响。

一、会计电算化对会计核算的影响

传统会计核算要求会计工作人员手工搜集原始凭证进行录入、编制财务报表，这种手工编制过程会产生人为的计算与录入差错，进而影响会计核算的准确性。会计电算化与传统手工会计不同的一点就是将人工替换成计算机系统，本质上是传输介质的变化。会计电算化过程是利用计算机内部程序进行原始凭证的分析，需要提前设定处理过程以及相关程序的命令。利用计算机的会计核算过程不仅大大节省了人工成本，而很大程度上提高了会计人员进行会计核算的速度和准确率。因此，会计电算化对于传统会计核算产生的直接影响在于：大大提高了会计核算速度；提高会计核算的精度和准确率；方便查询有关的会计账簿。

二、会计电算化对会计岗位的影响

传统的会计部门岗位设置主要依据于企业自身规模和会计核算需求，会计人员数量的多少和各个会计机构的规模也就因此而异。会计电算化的推行给传统的会计核算方式带来了巨大的影响，计算机将逐步替换手工会计的部分工作，因此我国企业的会计岗位、任务和分工等也将随之改变。此时，企业在设置会计岗位时需要根据计算机系统进行会计核算的步骤分配会计人员。为了更加科学有效地选拔和分配相应的会计人才，企业内部应该分别为他们设置数据录入、资料审核、资料复核、系统运行维护、系统管理、审查与分析等各个工作岗位，保证其分工明确且不重复。这样，能够建立起一个以财务系统管理岗位为主要核心的财务管理岗位制度。会计人员能够直接参与整个企业的日常经营管理活动，财务过程和业务流程不会因为传统的财务核算方法而被隔离开，这就说明了财务会计的工作不再是一个独立于其他业务、管理部门之外的一种工作模式，而是企业所有的部门都可以直接参与的一种财务管理方式。

三、会计电算化对会计监督的影响

传统会计监督大多是对财务工作人员以及财务报表等实体数据的审查，需要的人力物力较多，会造成大量的人工成本。而会计电算化的实施能够节省大量人工成本，并且在一定程度上加强了对财务会计的监督。此时会计监督体系需要的是计算机系统内部数据及程序的审查，同时也需要部分会计工作者对数据输入的复核、系统的维护等，节省了时间成本，提高财务监管的效率。但是，由于会计电算化自身系统的缺陷，也会给会计监督带来一些问题。虽然会计电算化能够提高会计核算的准确性、精细化、及时性，有利于会计监督过程；但假若会计电算化系统受到外来黑客及病毒的攻击，将会给企业财务部门带来巨大的损失，因此加强电算化系统自身的维护至关重要。

四、会计电算化对财务管理的影响

财务管理工作是企业日常管理工作的核心，是企业管理工作的基础。因此，企业财务管理水平将会影响到企业的经营发展以及管理绩效等方面。如今市场经济水平日益提高，企业对外投资的风险也越来越大，此时财务管理工作就尤为重要。但是基于传统会计核算下的财务管理体系已经不能满足当今企业的要求，因此会计电算化的实现将会对财务管理工作产生重要的影响。

由于我国传统的财务管理模式使一些大型企业的财务人员在工作中面临处理复杂的资料整合计算等问题，这就直接导致企业财务人员无法高质量地完成各项工作，分析结果也不够精准，无法及时发现问题。同时由于财务人员自身计算速度存在一定缺陷，无法保证其分析的及时性与有效性。会计信息系统因其自身的电子分析具备快速性、准确度等特点，能够在一定程度上弥补我国传统的财务管理电子化工作的不足，提高了财务管理的工作效率，提供较为准确的财务分析报表，为企业业务决策工作提供较为可靠的电子化数据支持。

第四节

20世纪90年代中期至21世纪头10年：管理生产系统集成（ERP）

20世纪90年代，由于ERP的诞生以及电子计算机互联网络的发展与普及，企业逐渐运用二者给企业带来的强大数据处理技术能力和网络传送的能力，初步实现了企业经营管理与财务管理一体化，并且开始向实现企业及其他财务信息的快速处理和实时分析共享、企业内部信息系统的深度集成等方向迈进。财务成果直接来源于基于会计准则的业务系统信息转换，这一新的飞跃实现了对财务信息的跨时空处理以及业财的深度融合，从而使财务会计逐步由"会计型"向"管理型"迈进。

1998年，中国软件行业协会财务及管理软件分会正式召开了"向ERP进军"大会，大会着重探讨了我国会计软件的市场发展情况，交流了此前会计电算化软件的应用及管理经验，进一步提出了会计信息化是会计电算化未来的发展方向，该会议标志着我国商业化会计软件主要功能由原来的会计核算向管理功能的转变。

1999年，深圳市财政局与金蝶公司联合举办了"会计信息化理论专家座谈会"，在此次会议中首次提出"会计信息化"的概念。

随着经济全球化的推行与发展，财务会计所包含的制度、规则、准则等逐渐全球统一。2003年，我国上交所与深交所率先对XBRL的应用试点。2005年，上海国家会计学院召开的"关于XBRL在中国的应用与发展"研讨会代表了我国会计信息化的开端。

2009年，我国财政部正式颁布了《关于全面推进我国会计信息化工作的指导意见》，该意见详细阐述了我国全面推进会计信息化工作的相关内容。

一、ERP内涵

ERP（Enterprise Resources Planning，企业资源计划）最早产生于20世纪90年代，由

美国 Garter 集团公司 1990 年首次研究提出，其基本理论概念包括三个基本维度：管理思想、软件、管理系统（如图 2-2 所示）。总体来说，ERP 系统是一种将管理思想应用于会计软件系统中的管理系统。

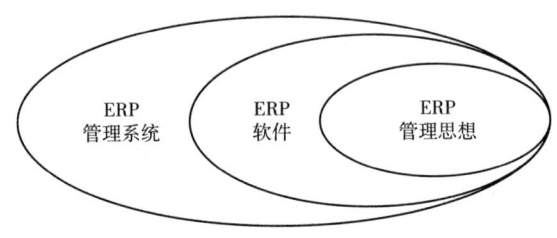

图 2-2　ERP 概念层次图①

ERP 不同于传统的会计核算软件，它不仅仅是一种简单的信息系统，它更多的是将企业的管理思想体系与较为先进的信息技术相结合，本质是一种新兴的管理思想体系。根据其内涵可以看出，ERP 作用的主要途径是通过各类信息技术手段来达到企业管理层的目标。本质上来说，ERP 能够通过信息技术手段贯穿企业各个管理过程，从而保证企业资源能够得到有效的利用。ERP 可以根据市场和客户需求，充分利用企业内外部资源，协调企业内部管理部门，按照市场导向开展经营活动，这可以显著提高企业的竞争实力，使企业获得最佳的经济效益。

二、ERP 理论

ERP 理论的主要经历了以下五个阶段：（1）MRP；（2）闭环 MRP；（3）MRPII；（4）ERP；（5）ERPII，如表 2-1 所示。

表 2-1　　　　　　　　　　ERP 系统的发展历程②

发展时期	软件名称	企业当时的情况	需要解决的问题
20 世纪 60 年代	MRP	严格控制库存成本，采用手工统计，易缺货	弥补订货点的不足，确定订货数量和订货时间
20 世纪 70 年代	闭环 MRP	计划与实际偏离较多，靠人工完成车间生产作业计划	对企业的能力进行校检、执行和控制
20 世纪 80 年代	MRP II	各子系统单独运作，联系疏松	实现物料信息与资金信息的集成
20 世纪 90 年代	ERR	市场竞争全球化，亟须管理整个供需链	有效利用和管理整体资源
20 世纪 90 年代末至今	ERP II	寻求创新，适应市场环境迅速变化的经济状况	利用一切可利用的资源

---

①② 王颖. ERP 下的业财融合 [D]. 苏州：苏州大学，2017.

第一，MRP 即物料需求计划，最初产生于 20 世纪 60 年代。MRP 的提出主要是为了解决当时企业库存中订货点不足的问题，以此来确定订货数量和时间。这个阶段 MRP 主要是依据企业生产计划、物料清单以及库存信息进行企业库存管理，进而减少库存。

第二，闭环 MRP 产生于 20 世纪 70 年代，是在 MRP 的基础上发展起来的。在这个阶段，原先的 MRP 主要包括了企业采购作业计划、生产能力作业计划以及车间作业计划，并且企业在生产计划实施时会收集供应商、计划员以及采购车间的信息，利用这些信息对生产计划的结构和方法进行调整进而达到平衡状态，从而以 MRP 为中心，形成一个完整统一的生产全过程闭环系统体系。

第三，MRPII 即制造资源计划首次出现于 20 世纪 70 年代末 80 年代初。其本质是一种以制造资源为核心的企业管理信息系统。MRPII 主要是由美国企业管理人员基于 MRP 管理体制进行改良和创造，在一定程度上实现了计算机生产调度。同时，MRPII 也包含了财务功能，能够动态监控生产和销售的整个过程。虽然 MRP 到 MRPII 的转变仅仅是科学技术上的一小步，但这带来的理念与实施效果却是一个巨大的飞跃。

第四，ERP 即企业资源计划，出现于 20 世纪 90 年代。其出现主要是为了解决企业管理中信息处理量越来越多的问题。由于这时企业在资源管理过程中所遇到的问题和需要进行处理的数据越来越多，这就可能极大地增加整个企业人力资源管理工作的复杂性。ERP 的出现可以解决这类问题，高效地处理相关信息，同时在一定程度上还能保证准确性。

第五，ERPⅡ是美国第一家信息技术研究咨询公司 Gartner Group 在拓展 ERP 原有内涵的基础上于 2000 年提出的新概念，ERPⅡ是一种"通过支持和优化企业内部和企业之间的协同运作和财务流程，以创造客户和股东价值的一种面向特定行业的经营战略和应用系统"[1]。

三、业财融合下 ERP 系统实施步骤

ERP 思想代表着一种先进的企业管理思想，主要是通过企业内部的信息流带动物流进行管理，然后物流系统带动企业资金流。从本质上看，ERP 是一种将企业各类人财物资源及业务活动进行全面整合、运营的管理信息系统。而业财融合的本质是将企业财务活动与业务活动相联结、融合的过程，ERP 思想与企业业财融合的需求是一致且相适应的。因而将 ERP 系统应用到企业业财融合进程中能够帮助企业探寻业财融合的核心内涵。

业财融合下 ERP 系统的应用主要是基于闭环管理思想，同时对企业内部进行全面预

---

[1] 王颖. ERP 下的业财融合 [D]. 苏州：苏州大学，2017.

算管理，此时预算计划便成为企业财务活动的起点与核心之处；在该系统正式运用过程中进行实时监控，系统运行后能够及时对企业各类预算以及战略实施内容进行调整。除了闭环管理思想，ERP系统的应用还包括了信息集成与实时共享思想的应用，在该思想下，企业财务信息能够在业务活动中自动生成，这在一定程度上保证了财务信息与业务信息的一致性，是企业实现业财融合重要的数据基础。因此ERP系统是实现企业业财融合的一个重要途径。下面我们详细研究业财融合下ERP系统的实施步骤。

业财融合下ERP系统的实施主要包括六个步骤：项目准备、蓝图设计、系统实现、上线切换准备、系统上线、上线支持。

第一，项目准备。首先企业要制定某一项目整体的具体实施计划，在ERP系统中构建相关文件的服务器，同时在企业中成立专门应对的项目组，在企业内部进行ERP系统相关概念以及实施方法的培训工作。

第二，蓝图设计。项目组成员依据业财融合实施目标开展项目业务流程的梳理工作，主要包括四个方面：采购到付款、销售到收款、生产到成本以及项目到核算。梳理工作主要是通过项目组内部讨论进行，最后的讨论结果作为项目的蓝图文件，并且在之后的系统实施步骤中作为指导性文件。

第三，系统实现。根据蓝图文件，项目组进行ERP系统定向配置与开发工作，主要是将企业业务的蓝图文件通过某种技术手段固化到ERP系统内部。在蓝图文件固化到ERP系统的过程中，企业在ERP系统内部进行用户权限的收集与角色分配，进而针对不同角色进行系统的业务操作，同时对系统内部的关键用户展开全面的培训工作。关键用户在系统内部根据项目业务角色进行系统功能单元测试与业财一体化测试，测试结果反映系统是否满足业财融合的目标。

第四，上线切换准备。企业需要对最终用户进行培训以及知识转移，让系统内部用户掌握ERP系统的操作流程。同时进行静态与动态数据收集完成系统的初期导入工作，此时系统可以正式上线运行。

第五，系统上线。系统正式上线的初期，企业进行系统上线的动态数据补录，通过动态的数据补录能够确保企业内部所有的业务数据嵌入ERP系统内部。此时，用户可以在ERP系统中开展一定的业务操作。

第六，上线支持：业财融合下的ERP系统是一个高度集成的一体化系统，具备一定的新理念，用户对此需要有一个逐渐熟悉的过程，因此需要在用户体验过程中进行一定用户操作的线上支持。因此，根据系统体验过程中的运行效果进行系统配置和程序上的调整也是必要的。

经过以上六个步骤，业财融合下的ERP系统能够正式进入正常的运行阶段。在系统运行过程中，项目组需要对 ERP 系统运行的数据进行对比，通过财务报表数据的变化来反映业务端的执行情况，同时将 ERP 系统中的业务数据与业务的实际展开情况进行对比，从而达到业财融合的目标。

四、ERP 系统下业财融合的现状

ERP 系统下的业财融合主要是在该系统下共同采集业务与财务数据，并将数据整合共享到各个部门，将财务流程与业务流程相融合的过程。如今，业财融合的新要求使在 ERP 系统下的企业管理、业务数据、财务报告等产生了新的运用。

首先，对于企业管理，ERP 将企业管理的各个环节进行有机的整合，主要包括对采购环节、生产环节、经营环节以及会计核算环节等。企业将各个部门以及财务及业务管理体系置身于统一的管理体系系统中，企业可以通过 ERP 从多层次、全方位进行内部管理整合。

其次，对于企业业务数据，第一，ERP 的运用使计算机处理数据逐渐取代人工处理数据，信息系统能够及时、准确、有效地将财务及业务信息反馈给企业管理者，使管理者清晰、及时地作出财务预测和管理决策；第二，ERP 使数据输入及存储方式发生了改变，企业各部门的信息均通过计算机系统存储，比较集中，这有利于企业各部门进行跨部门的查询、收集及计算。

最后，对于企业财务报告，ERP 系统改变了原来传统的财务报告汇总模式，转变为财务报告传递模式，主要体现在企业可以直接从 ERP 系统中提取相关数据进而生成报表。在当代云计算等技术日渐发展的时代，企业财务报告的格式也越来越规范化。从 ERP 系统中直接生成报告节省了人力与物力，也为管理者从整体分析企业财务与业务状况奠定了良好的基础。

第五节

2010 年至今："大智移云"

一、"大智移云"运用现状

2013 年 8 月，"大智移云"的核心概念首次在中国互联网大会上被提出。其主要含义

指的就是大数据、智能化、移动互联网以及云计算等新兴时代的信息技术。"智能化"的本质是基于大数据与物联网联合挖掘支持的一种用户体验。物联网与移动互联网的结合使大数据系统的生成与数据收集成为可能。这些新兴技术的相互融合发展将应用于不同的产业领域,引领产业变革和发展。"大智移云"所蕴含的信息技术是相互关联的。云计算对物联网与移动互联网的应用提供技术支撑,大数据与人工智能的深入挖掘与分析又能够推动物联网和移动互联网的发展,使软硬件更加智能化。

2015年,我国国务院政府工作报告首次提出:"制定'互联网+'行动计划,推动移动互联网、云计算、大数据、物联网与现代制造业结合,促进电子商务、工业互联网和互联网金融健康发展,引导互联企业拓展国际市场。"① 由此可见,"大智移云"的发展已上升到国家战略层面。

2016年,德勤和Kira Systems宣布将人工智能正式引入我国的会计、税务、审计工作中。这代表了我国正式进入会计智能化阶段。随后四大会计师事务所与金蝶、用友、元年等会计软件厂商纷纷推出财务机器人方案。

2018年,上海国家会计学院信息调查中心收集到503份有关"大智移云"技术在企业的应用以及对会计人员工作影响的问卷,问卷结果显示:"大智移云"技术在我国企业并不普遍应用,其中"移动互联网"应用最为广泛,"大数据""云计算"技术的应用程度相对较低,"人工智能"技术的应用程度最低。

与此同时,该报告还显示,在营收在50亿—90亿美元的企业中,"移动互联网""大数据"和"云计算"应用最为广泛,而在营收在100亿美元以上的企业中,"人工智能"则更为常见。普遍来说,企业员工对"大智移云"技术并不熟悉。阻碍该技术在企业应用的主要问题有企业预算、人才短缺、网络安全、技术开发周期与现有资源整合等。

根据调查结果可以看出,"大智移云"技术在企业管理中的应用还存在很大的发展空间。对于企业来说,管理层应选择适合自身企业的"大智移云"技术,加快企业管理模式与新技术对接的步伐,从而提高企业竞争力,为企业创造更多价值。

二、"大智移云"背景下业财融合的应用

(一)"大智移云"优化业财融合模式

传统财务部门与业务部门之间工作的分工导致了财务与业务信息之间的不互通。这会

---

① 2015年国务院政府工作报告[A],2015.

带来信息孤岛问题,从而导致企业进行整体财务与业务匹配整合时的信息数据滞后。因为财务部门与业务部门独立使用系统软件进行数据与信息的处理和分析,二者之间的数据是相互隔离的。对不能准确理解业务部门相关工作内容的财务人员来说,从会计报表编制流程出发,对原始记账凭证的信息进行录入、各类账簿的注册以及登记,到对相关的记账凭证进行编制,最后对财务报表进行编制,这一过程要求财务人员对相关业务资料进行搜集以及对凭证进行整理。同时在这一过程中,会计信息的处理和输出都存在着数据之间相关性较低的问题,财务部门向客户上报的会计信息很有可能会直接影响到整个企业经营者的决策。所以,企业应该加快业务部门与财务部门之间的融合发展,打破两个部门之间的信息阻碍,达到信息共享的局面。

大数据和云计算技术使业财融合过程中的信息传递更加实时和完整。企业的管理人员能够从战略发展的角度出发来实时监控企业前端业务部门以及后方财务部门上传的信息。若想达到该目标,企业需要构建一个能够同时上传双方信息的公用平台。因此,结合相关大数据技术构建一个以大数据和云计算为基础的可视化"云平台"是大势所趋。大数据技术在"云平台"中主要是来挖掘企业存储在云端的相关海量数据。同时"云平台"以云计算的分布式计算架构为基础,这类计算方式能够有效增强企业信息数据的有用性与准确性。在"云平台"中,财务和业务信息能够高效存储在云端且不能够被随意更改,这保证了相关信息数据的完整性。

(二)"云物联"推动业财融合进一步发展

企业业财融合能够实现的一个充分条件是"云物联"技术的应用。基于业财融合的"云物联"平台的基本框架如图2-3所示。"云物联"平台依据数据在平台内部的运行过程,主要包括三个阶段:(1)数据输入;(2)数据筛选、分析和存储;(3)数据输出。

首先,数据输入:"云物联"平台从数据源出发,企业通过利用物联网传感器输入财务部门与业务部门的相关数据。其中,业务部门的数据包括生产信息与销售信息;财务部门的数据包括会计信息与预算报告。

其次,数据筛选、分析和存储:该平台云计算服务模式包括三种:SaaS、PaaS和IaaS。企业依据输入的数据以及自身内部情况进行三种模式的选择,进而使用云计算来实现数据的筛选、分析和存储功能。

最后,数据输出:财务、业务以及管理部门可以根据自身需求在"云物联"平台中获取相应的数据信息,完成相应的目标。从图2-3中可以看出:第一,业务部门可以获取后方财务部门上传的成本预算与销售预算信息,进而实时调整前端业务的行为决策。第二,

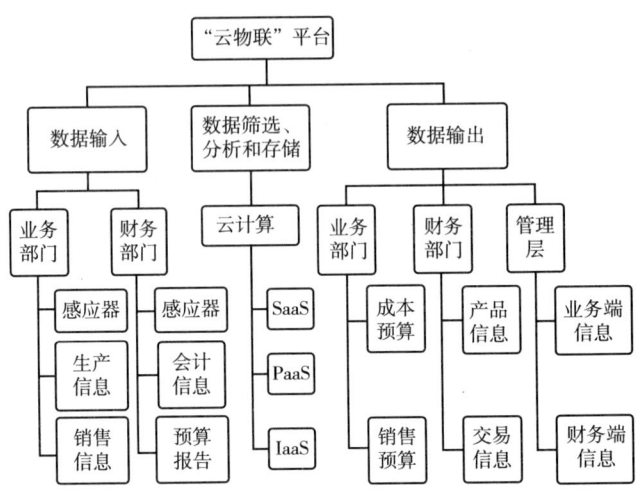

图 2-3 "云物联"平台框架图[①]

财务部门能够获取前端业务部门上传的产品信息与交易信息,这在一定程度上能够保证财务与业务相对应,从而保证财务会计报告的真实可靠性。第三,管理层可以同时获取财务端与业务端的信息。管理人员可以实时查看财务与业务信息,作出可靠且高效的管理决策。

"云物联"平台的建立,将有助于业务部门和财务部门进行高效的数据对接,确保数据的完整性、可靠性和相关性。

(三) 移动互联与人工智能融合发展提高信息共享的效率

移动互联网本质上就是基于互联网和移动通讯相结合而成的。5G 时代的到来不仅大大提高了网络速度,降低了网络延迟,还结合人工智能技术实现了云服务的流畅性。5G 的低成本、高速度,加上 PC 互联网的日益饱和,使越来越多的移动终端用户能够访问互联网,甚至每件物品。通过互联网数据交换和人工智能技术的深入研究,从海量数据中筛选出符合用户需求的数据和信息,保证信息共享过程的效率和相关性。

一般来说,企业业财融合的过程就是业务部门与财务部门数据信息互通共享的过程。两个部门融合的恰当性和及时性都会直接影响企业未来的管理决策和经营发展。5G 允许业务应用程序的各种类型的产品,通过有效的网络交易,实现信息实时传输。在人工智能技术的支持下,这些云收集数据和信息进一步过滤,根据不同的对象和"授权",使相关信息能够实时有效地传递到相关部门。财务部门对数据的进一步处理,又可以改善业务部

[①] 杜君. "大智移云"背景下企业业财融合模式的应用 [J]. 智能计算机与应用, 2020, 10 (1): 253-256, 261.

门的销售策略和成本预算。通过移动设备的接入,管理层可以不受空间限制,实时掌握业务产品的生产销售情况,并且可以及时地查看各个财务部门的各项账目和报表。使管理层能够及时地改变企业战略决策,优化资源配置,促进整个企业综合竞争力提升,最终实现企业可持续增值的战略管理,对于企业整体的战略管理也起到了重要作用。

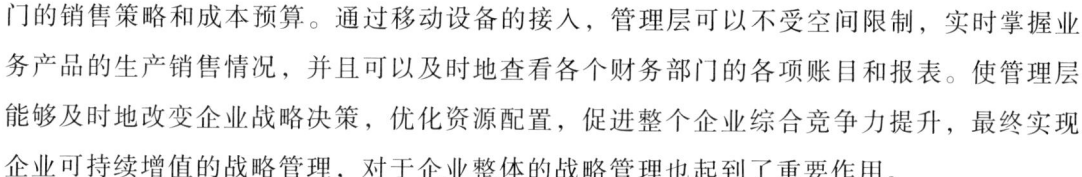

未来:区块链技术应用

会计智能化时代的到来使越来越多的新兴技术与财务会计相融合。大数据、人工智能、移动互联网、云计算、物联网、区块链等技术纷纷涌现,简称"大智移云物区"。在推动智能会计发展的进程中,智能感知技术、光学字符识别技术(简称OCR)、机器人流程自动化技术(简称RPA)、自然语言理解技术、知识图谱技术、遗传算法等技术也逐渐与财务管理相结合。

但根据我国发布的《中国会计信息化应用调查(2015)》可以了解到,我国会计信息化实际应用的程度仍然比较低,技术应用不完善,未能达到理想中的会计智能化阶段。其主要原因是企业尚未搭建完备的信息化系统。企业若搭建完备的管理会计信息化系统则能够保证财务会计信息与其他业务等信息相融合,提高企业工作效率,提升企业内部价值。

2016年,国务院正式发布了《"十三五"国家信息化规划》。该规划首次正式将区块链技术纳入我国战略前沿技术中,并将此列入国家信息化规划行列中。这标志着区块链技术的应用上升到国家战略层面上。

因此,虽然现有越来越多的技术与企业财务管理流程相融合,究其本质,主要是通过区块链技术与其他技术相融合,实现信息间的共享流通。我国未来业财融合的发展也主要依据区块链技术的应用,以其他技术为辅助,促进我国会计智能化的发展。

一、区块链推动业财融合有效运行

区块链的技术从本质上来说就是一种数据记账的技术,但不同于其他通用数据记账的技术,区块链在对数据进行传输时由多方共同维护,同时利用密码学的特点来保证数据在传输的过程中不能轻易被篡改。因此,它在某种程度上实现了数据库存储的一致性和稳定性。从总体上来看，区块链技术具有数据安全性、分布式记账以及可追溯性等特征。区块链技术特性使它在推动企业进行业财融合过程中产生了不可忽视的影响。其推动作用主要包括三方面：(1) 有效确保账目的准确性；(2) 有效提升信息的交互性；(3) 有效提高员工的工作效率。

(一) 有效确保账目的准确性

账目的准确性是业财融合开展的基础，区块链技术最重要的功能就是保障账目的准确性，不易被篡改。在传统的会计模式中，由于账目信息不能够随意查看及更改，这就会产生围绕记账人员的"中心"局面。而传统财务会计的准确性的基本假设是基于记账人员账务处理完全正确，不存在违反职业道德的行为。但现实中的账务准确性总要考虑到记账人员个人行为的恰当性与准确性。与假定记账人员责任心强相反，真正的中心人员并不总是令人满意的。因为个人利益及操作实务等风险的存在，财务处理或多或少会产生令人无法识别的错误。

倘若账务处理过程中产生些许错误，这对于之后一系列财务共享过程的决策会产生重大误导性。而业财融合的要求使账目准确性的要求越来越高。区块链能够将这种错误的产生进行规避，通过采取一种"去中心化"的账务处理模式，即多人记账，而不是一人记账。账目只有在系统中经过同一层级的大多数人审核同意后才能够被确定存在于区块链中，并且无法删除，同时账目信息还会随之更新，公开并且保存于系统内部。这种账目上传及审核的分散性、相关记录的不可伪造特性，有效防范了企业内部人员随意篡改业务及财务信息的行为，保证了企业财务信息的准确性。

(二) 有效提升信息的交互性

会计信息的传递不仅仅是要求高效，同时还必须要求具有保密性。在传统的记账模式下，只有记账人员、审计人员以及被允许查看账目的人员才能了解企业内部的财务信息。这就会导致记账人员的权利被无限放大，产生信息不对称的局面，信息的实时交互要求是没有办法实现的。在这样的局面下，一线的业务人员无法依据现有的信息进行准确的业务和财务信息的判断，造成工作效率低下，企业资源不能够高效整合的问题。

区块链的分布式记账法使业务人员能够在区块链系统中随时上传以及查看相关需要的财务和业务信息，这进一步提高了财务与业务信息的交互程度，从而避免企业内部"信息孤岛"现象的产生。同时，业务人员不仅可以查看自身相关业务的信息，还可以查看其他业务信息，进行横向信息的整合及应用，不同于以往通过预判进行决策，此时业务员可以通过实际获取的信息进行决策，提高了工作效率及决策质量。

（三）有效提高员工的工作效率

在区块链的正常运行过程中，业务员能够通过及时核算财务信息很大程度上降低中间环节的时间，甚至是减少中间环节的产生，例如，原始凭证的转换、记账人员不同层级的递进。这能够降低人工成本，提高企业员工在业务与财务之间转换的工作效率。由于记账人员对于业务信息的了解较少，在进行业务与账务之间信息的连接时会产生基础性错误，倘若业务或账务发生变更时，记账人员不能及时有效地进行账务和业务信息的调整。因而，业务人员将相关业务数据上传到相关账户，这就会减轻财务部门人员的压力及错误的产生。同时，业务人员将业务数据与相关财务数据上传后，区块链系统内部的同级人员也能够对该业务有更多的了解。经过审核人员审核后，业务与财务信息的准确性也能够得到保证。

二、区块链推动业财融合有效运行的措施

基于区块链的作用，企业应该将区块链的特性与业财融合的需求进行密切调整与结合，为区块链推动业财融合有效运行提供条件。主要从以下几个措施深入探索企业业财融合：（1）人人记账众人协同；（2）分布记账提高效率；（3）加密技术保障安全；（4）业务流程跟踪再造；（5）智慧合约建立信任。

（一）人人记账众人协同

传统复式记账模式下实行的是单独一个簿记员记账，有专门的会计人员对原始记账凭证进行处理。分布式记账模式与传统的复式记账不同，该模式将财务处理去中心化，并且核算中心任务由原来的财务人员向前转换到了前端的业务人员。分布式记账模式实行的是涉及财务业务的每个工作人员都要记账、众人协同的模式。业务经办的业务内容只要经过确认，业务经办就能够允许进行簿记。业务经办在分布式记账模式下处于分类账簿对应节点的用户，需要了解基础的财务知识才能促进业务与财务活动的同时进行。这就要求企业员工不仅要懂得业务知识，还要掌握一定的财务知识，将财务分析与企业管理运营紧密结合，促进业财融合的有序进行。

（二）分布记账提高效率

区块链技术的应用给企业带来了分布式记账模式。该模式要求处于区块链系统中的所有参与者共同拥有一套账簿。任何联系不再受限制，不需要授权。输入的会计信息被区块链内部的共识机制识别后将会自动传输到下一个节点。企业结束业务后只要将业务信息和

相关的原始凭证上传到区块链中，经过处理后便完成了分布记账。分布记账模式能够有效减少业务流程中相关控制与沟通节点，减少信息在业务中的来回往复，降低了企业各个业务部门与财务部门之间的沟通难度，提高了财务工作效率。

同时，在区块链系统中发生的每一笔业务或者完成的每一笔记账都会各自产生相应的区块。每一个区块处理时都会被加盖时间戳，按照时间顺序进行排序，因此每个区块都代表着一个完整的、可随时被验证的数据区。一旦系统内部出现恶意的篡改行为，系统会自动检测时间戳数据，锁定目标，这就保证了记账过程中的准确性和真实可靠性。

（三）加密技术保障安全

区块链加密技术的特性使其对系统内部具有隐私保护的功能。隐私保护的功能主要是对传输网络及交易内容的保护。对传输网络的隐私保护主要是防止外来者利用网络拓扑获取区块链中的各类代表身份的隐私信息，进而在隐私性的网络中运行区块链，获取业务及财务信息。对交易内容的隐私保护是指对产生各类交易信息中含有隐私性质的证明等的保护，如混合货币、零知识证明、换证明等。

同时，区块链的加密技术和算法还能够实现数字签名的功能，这很大程度上保证了交易的安全性，防止交易记录的被篡改及避免经济纠纷的产生。加密技术为业财融合的推行提供了安全有效的运行环境，促进了业财融合的发展。因而，将区块链技术嵌入财务业务信息系统中能够保证数据传输过程中的安全性，创造一定的业财融合实施环境。以往业务部门与财务部门之间的信息传递的冗杂性，导致最后的信息质量责任认定范围混乱，区块链技术能够有效区分业务部门与财务部门信息质量责任的认定。

（四）业务流程跟踪再造

现有企业业务信息系统所提供的功能主要是对企业业务流程中产生的相关信息进行收集整合，并不能做到对处于配送过程中的业务信息进行精准采集。限制其发展的主要原因是科学技术的不完善以及应用过程难。在未来5G、物联网、区块链技术逐渐普及应用过程中，企业可以利用相关技术进行业务信息的精准采集并进行智能化处理，实现业务信息利用的最大化。

区块链技术凭借其可追溯性及不可篡改性的特点，能够保证对企业每个业务流程中产生的相关信息进行实时监控以及及时记录全过程。区块链应用于企业业务流程中可以构建出一套智慧业务流程，在该流程中，业务信息能够自动采集；会计账务得到了自动处理；业务相关操作指令受到实时监控记录。

构建的智慧业务流程能够进行跨区域的业务流程跟踪，这使各个区域位置中业务流程的重复环节得到了精简,这就给企业业务流程再造提供了有利条件。业务流程再造的本质是利用信息技术手段对业务信息进行自动采集、加工和输出。主要包括三个环节:输入、处理以及输出环节。输入环节是指自动采集业务信息,简化收集过程;加工环节是指对采集到的信息进行自动会计处理,实现账簿、报表的自动化生成;输出环节是指将报表及处理后的业务信息进行自动化展示。

(五) 智慧合约建立信任

智慧合约指的是一种利用信息化手段进传输、验证或执行合同的计算机协议。若企业将区块链技术与智慧合约结合,那么一些基于合约规则的业务条例就能够嵌入区块链的交易数据库中运行。它可以在不需要第三方认证的情况下自动完成任何约定的交易,交易可以被跟踪但不可逆。推动智慧合约在对外交易中的应用,不仅可以有效提高交易效率,节约交易成本,而且可以降低业务部门与财务部门之间的沟通成本,进而能够将企业外部交易风险置于可控范围之内,这在一定程度上可以增强企业财务信任的基础。

另外,智慧合约的内容在确定后是不能改变的,这将使"匿名信用"在没有信用调查的情况下成为现实。若以区块链技术为平台,则可以在一定程度上帮助解决企业的征信问题。因为在区块链这一平台下,企业不需要通过金融机构进行财务融资,可以借助区块链直接从资本市场上进行融资,这就产生了分散融资的局面。这不仅能够缩短企业财务融资的时间,降低融资成本,同时还能减轻财务部门调查融资对象信任基础时所带来的额外融资费用。智慧合约与区块链技术的融合应用能够将匿名信用与自动化交易相结合,很大程度上降低了企业财务部门在进行信用评估以及对外交易时对业务部门的风险管控,这对于增强财务部门与业务部门之间的信用基础产生了强大的促进作用。

本章参考文献

[1] 中华人民共和国财政部. 关于全面推进管理会计体系建设的指导意见 [A]. 2014.

[2] 中华人民共和国财政部. 管理会计基本指引 [A]. 2016

[3] 王颖. ERP下的业财融合 [D]. 苏州:苏州大学,2017.

[4] 2015年国务院政府工作报告 [A],2015.

[5] 杜君. "大智移云"背景下企业业财融合模式的应用 [J]. 智能计算机与应用,2020,10 (01):253-256,261.

[6] 杜勇,谢彪,李勤. 基于区块链的管理会计报告体系构建 [J]. 会计之友,2020

(08)：153-159.

[7] 赵璐．浅析新技术促进企业财务智能升级［J］．中国管理信息化，2020，23（15）：74-75.

[8] 魏正涛．业财融合背景下管理会计信息系统构建［J］．农村经济与科技，2020（15）：192-193.

[9] 刘勤，杨寅．改革开放40年的中国会计信息化：回顾与展望［J］．会计研究，2019（2）.

[10] 徐玉德，马智勇．我国会计信息化发展演进历程与未来展望［J］．商业会计，2019（07）：7-12.

[11] 段楠．对会计电算化向会计信息化过渡的研究［D］．太原：山西财经大学，2013.

[12] 刘勇．推进"三集五大"业财融合的思考［J］．江西电力，2013.

[13] 唐惠钦．区块链在业财融合中具体应用设计［J］．中国注册会计师，2020（07）：112-116.

[14] 倪红艳．ERP业财一体信息化对企业财务管理的影响分析［J］．湖北三峡职业技术学院学报，2020，19（01）：79-81.

[15] 陈珊珊，杨俊．基于业财一体化的ERP系统实施研究［J］．科技创新导报，2020（08）：119-120.

[16] 郑博文，朱可欣．会计电算化对传统会计工作的影响［J］．现代商业，2019（18）：161-162.

[17] 刘仕侠．基于区块链技术背景的业财融合发展趋势研究［J］．企业改革与管理，2020（07）：133-135.

[18] 郭永清．中国企业业财融合问题研究［J］．会计之友，2017（15）：47-55.

[19] 梁毕明，吴卓琪．中国管理会计改革发展四十年：回顾与展望［J］．财会月刊，2018（21）：12-17.

[20] 郑玉香，曹佳洁．ERP系统在业财融合实施过程中的思考与应用［J］．国际商务财会，2020（06）：26-29，35.

[21] 尚玉梅．会计电算化对会计工作方法影响探析［J］．中国矿业，2014，23（S2）：55-60.

[22] 何海军．ERP管理思想在财务业务一体化中的运用［J］．现代企业文化，2015（17）：105-106.

[23] https：//mp.weixin.qq.com/s/DrspS3uVs5iOlAl7P7XnVg.

第三章　业财融合文化引领

业财融合作为一种新型财务管理模式，能否实现其价值创造功能，文化引领不可或缺。创新是企业发展的永恒主题，唯有学习方能创新，因此构建学习型文化是业财融合的前提。中华传统文化讲究"和合"，"和"为和谐，"合"为融合、合作，实现"和合"是业财融合追求的最高境界。本章首先介绍企业文化的内涵、企业文化在企业管理中如何发挥作用，然后分学习型文化、"和合"文化两个层次探讨业财融合文化建设的核心要义。

第一节　企业文化与企业管理

企业文化是在企业管理实践中培育并丰富完善起来的，反过来又指导企业管理实践。企业的生命在管理，管理的核心是文化。

一、企业文化的内涵

企业文化，是指企业在生产经营实践中逐步形成的、为整体团队所认同并遵守的价值观、经营理念和企业精神，以及在此基础上形成的行为规范的总称①。文化通常可分为三个层面。第一层是物质层面，如公司的LOGO、吉祥物、装修风格、挂在墙上的标语等；第二层是制度层面，如工作中的各项规章制度和纪律原则；第三层是精神层面，最典型的就是使命、愿景和价值观。

---

① 参见《企业内部控制配套指引》，上海：立信会计出版社，2010年第1版，第71页。

一切需要"被管理"的问题,其产生的根本原因都是文化上出了问题(柏奕晗,2021)。由此可见,良好的企业文化对于企业的长远发展具有举足轻重的作用,这也是越来越多的企业重视文化建设的根本原因[①]。企业应当充分认识时代发展、科技进步和组织变革对人的观念与行为的影响,充分认知人的自利性与社会性,契合人心、人性、人情,建设互联互通的文化网络,提升知行合一专业能力建设多维度文化环境,提升文化能力,彰显文化力量,推动公司管理进入文化管理的发展阶段。

二、企业文化与企业战略

企业文化与企业战略是企业管理关注的两个重要领域。前者关注人,强调文化的协调、激励和凝聚合力的作用;后者侧重于事,强调决策的重要性,事关企业的发展方向。

(一) 企业文化引导企业战略选择

对于一个企业来说,要想健康持续地发展,拥有丰厚优秀的文化底蕴很重要,优秀的文化不仅能够凸显特色,还能引导企业战略的制定和选择。企业环境、价值观、英雄人物、文化仪式、文化网络作为企业文化的要素对企业战略的制定和选择都有着重要的指导作用。优秀的企业文化将是企业战略制定与选择获得成功的重要条件,并且企业文化对企业战略未来成功实施还有着重要影响。

(二) 企业文化是企业战略实施的保障

企业战略管理重在战略落地实施。在企业战略制定以后,为保证战略的有效实施,首先应当对全体员工进行积极有效的思想贯彻,统一全体员工的意志,增强员工对企业战略的认知,激发员工的工作积极性和主动性,为实现企业战略的成功实施而共同努力奋斗。这些工作的开展都与企业文化有着紧密的联系,从而体现出企业文化是企业战略实施的有力保障。为此,企业应当构建各类文化主体生存发展的良好环境和状态,在企业文化传播、落地的每个环节秉承公司统一的建设要求。坚持和谐共生,推进文化与生产经营无缝衔接。坚持形态生动、因地制宜地培育企业文化,发现、发掘和传承好文化特色,保护文化多样性。注重系统培育,把握企业文化的层次特征,推动团队、群落、整体的协调整合与有机统一,为企业战略实施营造良好的文化氛围。

---

① 实践中有很多企业,无论规模大小均高度重视团建,有的甚至在人力资源部门专门设置了负责文化建设的企业文化专员。

三、企业文化在企业管理中的作用机制

企业文化与企业是密不可分的,其根植于企业管理,不会独立存在(王国义,2020)。可以说企业文化就是企业管理的一部分,因而在企业文化构建时应结合企业实际,对企业管理风格进行总结提炼,并基于此不断升华,逐步完善文化体系。之所以说企业文化属于企业管理其中一项内容,主要原因在于企业文化必须基于科学的管理制度之上才可发挥自身的效用,推动企业的发展。也就是说,企业若要获取良好的发展,不仅需要完善的管理制度,还要有优秀的企业文化,只有如此,企业才能有更好的工作环境与模式。也正因为企业文化属于企业管理的分支,所以两者可以更好地融合,发挥合力作用。

(一)企业管理价值观是基于企业文化之上形成的

企业文化对企业管理价值观的树立极为有利,可引导企业树立良好的价值观,从而更好地引导员工,促进员工不断提升个人素质,更好地推动企业发展。企业若要提升管理的有效性,实现可持续发展,就必须树立正确的管理价值观,如果缺乏良好的企业文化,管理价值观的树立也将无从谈起,由此可见,两者的关系是非常紧密的。对于所有企业来说,管理价值观是否正确极为重要,企业价值观如有偏差,将会给员工价值观带来错误引导,员工的行为受到错误价值观的支配极易损害企业利益。管理价值观的建立是基于企业文化之上,所以要先保障企业文化的科学性。科学的企业文化能够匹配企业组成人员,可被全体员工接纳,引导员工实施正确行为,促进员工提升综合素养,只有如此,基于企业文化的管理价值观才是积极向上、有利于企业发展的。

(二)企业文化促进管理效率的提升

企业若要实现良好发展,企业管理是极为关键的环节,做好企业管理工作,可有效推动企业的运作发展。企业文化是企业管理开展的基础,企业管理过程中将企业文化引入其中,灌输企业文化和发展理念给员工,员工形成积极工作意识后会自觉积极工作,改变被动工作的局面。文化属于思想意识的一种,能够为企业管理制度提供良好保障,对管理制度的影响是无可替代的。要保障企业管理的有效性,就必须先健全企业文化。企业文化实际上也是企业核心价值观所在,可使在企业管理工作开展时有效减少员工思想教育工作,对员工团队意识的培养极为有利,指引员工向正确的方向发展。企业运作过程中,企业文化对员工产生的影响是无形的,是潜移默化的,所以必须要让员工对企业文化真正地认同,才可将此作用真正体现出来。企业文化对企业管理的促进作用也是无形的,只有形

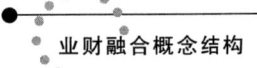

成正确的认知,才可体现此作用。由此可见,企业文化对企业管理的促进作用是非常明显的,要保障管理效率的提升,就应有效融合两者,确保融合后的合力为企业实现短时间、高效率的管理,从而为企业核心竞争力的提升提供助力。

第二节 学习型文化与业财融合

在信息与知识爆炸的时代,世界变得日趋复杂、节奏更快、文化更加多样。这就意味着企业及其领导者,以及我们所有人必须成为持之以恒的学习者。

一、学习型文化的内涵

(一) 积极主动

学习型文化假设当人类的行为与其所处环境相关时,恰当的行为方式是做一个前瞻性的问题的学习者和解决者。如果这种文化建立在消极接受式的宿命论假设之上,那么在变化愈发剧烈的环境下,学习将变得越来越困难。

学习导向型的领导者必须向人们传递信心,解决问题时的积极态度能促使人学习,从而为组织中的其他成员树立起良好的榜样。对于一个问题,学习的过程比任何最终的解决方案都重要(埃德加·沙因,2014)。面对更加复杂的问题,领导者依赖于他人产生解决方案的可能性会增加,而且有充分的证据证明,如果组织成员参与了学习的过程,那么新的解决方案被采纳的概率将大大提高。

(二) 学会学习的承诺

学习型文化的 DNA 中必须具有"学习基因"。这意味着组织成员必须持有共享的假设,即学习是一件值得投资的事,并且认为学会学习是一项必备的技能。"学习"不仅包含对外部环境变化的学习,也包含学习内部关系,以及组织如何适应外部变化。

学习的关键是得到反馈,进而反思、分析,最终将这些反馈所传递的信息逐渐消化。反馈信息只有在学习者主动索求时才有用,所以,学习型领导者的关键动机之一便是寻求帮助并接受帮助。学习更进一步的关键因素是生成新反响和尝试用新方式做事情的能力,这需要花费时间、精力和资源。因此，一种学习型文化必须重视反思和实验，并且必须赋予其成员时间和资源来学习。

（三）相信环境可以被管理

学习型文化的 DNA 中必须包含一种基因，其反映了这样一种共享的假设：环境在某种程度上是可以管理的。那些假定企业必须共生地接受自身小环境的学习型领导者，在环境变得日益动荡时，就会面临更多困境。适应缓慢变化的环境也是一种切实可行的学习方法，但是在变革剧烈的当今世界这一方法越来越不可行。换句话说，环境越是动荡，就越要求领导者表现出某种信念，即对环境采取一定程度的管理是值得的，亦是可行的。

（四）承诺全面、开放地进行与工作相关的沟通

学习型文化必须建立在交流和信息的基础上，这是企业健康发展的核心，因此必须建立起多渠道的沟通系统，以便所有成员都有机会相互联系。这并不意味着所有的渠道都要利用，也不意味着要通过一种渠道完成所有工作。其真正的含义是，每个人都必定能联系到其他任何人并且鼓励每个人都尽可能地讲真话。

"开放性"并不意味着对所有文化规则不管不顾的"知无不言，言无不尽"。大量事实表明，不加规范的"知无不言，言无不尽"会给上下级之间和多文化环境造成严重问题。正确的做法是，我们必须对与工作相关的信息保持敏感，以尽可能开放的态度分享这类信息。就给定的任务而言，学习型领导者最重要的任务之一是明确什么是最小的沟通系统，以及什么类型的信息对于有效解决问题和学习是关键的。信息量大不见得就是好事，因为信息越多，我们产生的未知问题也越多。只有在企业成员学会相互信任之后，信息才能完全地和工作联系在一起。这种信任从根本上是由企业成员建立的，他们之间必须在社会秩序允许的范围内尽可能地讲真话。对学习型领导者的主要挑战之一，是如何在人们无法面对面交流的网络中建立信任。

（五）对系统思考的承诺

随着世界复杂程度的日益加深和关联性的日益加强，系统思考的能力、对同一领域内各种力量的分析能力、对各种力量间联合作用的因果关系的理解能力，以及摒弃简单线性因果逻辑而采用复杂的心理模型的选择能力，对学习而言将越来越重要。学习型领导者必须相信这个世界本质上是复杂的、非线性的、相互关联的，并且是"由多种因素决定的"。

业财融合概念结构

二、业财融合需要学习型文化的引领

业财融合师作为一种复合型财务人才，毫无疑问是稀缺的[①]。这是大数据时代很多企业开展业财融合工作会遇到的首要难题。在业财融合师短缺且企业的专业财务团队建设难以取得进展的情况下，业财融合的具体操作难度随之上升。

创建学习—创新型文化是企业发展的永恒命题。业财融合作为企业财务管理的创新之举，在企业上下营造浓厚的学习型文化氛围是改善业财融合环境，提升业财融合效能的必然选择。鉴于业财融合涉及跨部门的流程再造和利益重组，业财融合的成功实施需要企业将其拔高到"一把手工程"的高度，以文化创新进行战略引领。企业"一把手"必须以宽阔的视野，突破常规，立足实际，全盘统筹，规划业财融合战略，引领企业行稳致远；必须建立长远的业财融合战略和创新的业财融合团队，建立起推动业财融合成功落地的组织机构和保障机制。

三、业财融合师的学习需求

为了迎合业财融合时代的到来，财务人员的认知必须首先升级。如果我们将财务人员按管理层级分为三级，其各自的业财融合学习需求参见表3-1。

表3-1　　　　　　　　　　　财务人员的业财融合分层次学习需求

管理层级	学习需求分析
财务高级管理人员（CFO、财务经理）	该层级作为整个财务组织和财务团队的灵魂，与业务的衔接最为紧密。在他们的认知框架里，数据和信息化重要性的比重必须显著增加。一方面，一个没有大数据思维和算法思维的管理者是不合格的，财务将无法应用新技术工具帮助企业提升价值；另一方面，作为业务的伙伴，当整个公司的经营都已经被智能化渗透后，若财务人员仍因循守旧，尚未建立业财融合的理念和知识储备，面对的必然是被无情地淘汰。财务高级管理者需要深度理解公司战略在业财融合时代所作出的转变，并能够主动在经营分析、资源配置等领域给予业务更好的支持。
财务经营分析或预算管理人员	此类财务人员的传统价值在于驾驭数字，能够从中找到蛛丝马迹，为业务部门提供经营分析支持，或者通过预算、考核等手段推动业务部门改进绩效。但在业财融合时代，更多经营改进的建议应当是通过大数据和人工智能进行大量数据分析后提出的，通过分析大量历史数据，从相关性中探寻规律，给出很可能靠人工无法发现的绩效改进线索。而在预算管理上，资源配置的基础将由智能分析提供。对此类人员来说，其曾经引以为豪的数字加工能力、数字敏感性等不再重要，他们必须重新构建自身能力，在大数据、机器学习等方面掌握业务建模的能力[②]。

---

① 从2020年开始，中国企业财务管理协会已将"业财融合师"视为一种职业资格，并按照初级、中级、高级三个类别开展相关的培训工作。

② 国际四大会计师事务所争相发布财务机器人即是这种趋势的明证。

续表

管理层级	学习需求分析
会计运营人员（包括财务共享服务中心的员工）	财务共享服务实现了流程的标准化和作业的规模化，将曾经具有技术性的会计核算转变成流水线作业。这本身也是顺应业财融合时代的需要而发生的重要改变。而在业财融合的高级阶段（智能财务）①，这种变化会进一步加剧，共享服务中心会将现有的审核作业进一步规则化，甚至是计算机通过机器学习的模式，在学习海量案例后自己形成作业规则。这样，在整个流程运营中，对人员技能的需求会进一步下降，会计运营人员有可能退化为信息录入人员，甚至直接被淘汰，而有能力进行规则分析、流程设计和流程优化的财务人员才能保住自己的"饭碗"。

第三节 "和合"文化与业财融合

"和合"思想是中国传统思想文化中最富生命力的文化内核和因子。中国传统文化的历史中，"和合"二字最能体现中国精神文化核心和精髓。"和"指和谐、和平、祥和；"合"是结合、合作、融合。

一、中华"和合"文化的内涵

"和合"是人类古往今来所追求的自然、社会、人际、身心、文明中诸元素之间的理想状态，体现为"天人合一"的整体哲学精神，强调"天人共存，人我共存"的辩证立场，以宽容、博大的人道主义精神张扬丰富的天道与人间和谐融洽观念，对于当前消解社会矛盾、人与自然的冲突有着重要的借鉴意义。

中华文化就其本质来讲是一种和谐文化。受中国传统文化思想体系的支配，以孔、孟为代表的儒家思想对中国文化的影响最大。儒家思想中的"和合"文化体现在：其一，以"修身、齐家、治国、平天下"为核心的入世思想；其二，以"仁、义、礼、智、信"为标准的道德观念；其三，以"天、地、君、亲、师"为次序的伦理观念；其四，以"允执其中"为规范的中庸哲学。中华传统文化的基本精神始终表现出自强不息、厚德载物、居安思危、乐天知足、崇尚礼仪、以和为贵等特征。这种思想是我们建设社会主义和谐社会可以利用的宝贵文化资源。

---

① 财务管理已进入智能财务时代（董皓，2019）。

二、"和合"是业财融合的最高境界

企业文化是企业的内在特质,是企业软实力的集中体现。企业文化与企业战略是和谐统一的。企业战略是企业的共同愿景,它能激发人的潜能,通过改变心智模式和自我超越,使不可能的事变为可能,创造企业经营奇迹。企业文化和企业生命是和谐统一的。在一定程度上,企业的发展一年靠产品,十年靠人才,百年靠文化。文化制胜战略已成为构建企业核心竞争力培养长效机制的必然选择。

业财融合作为一种新型的财务管理模式,必然会打破部门壁垒,破解条块分割,统一标准,规范制度和流程。因此只有弘扬"和合"文化,才能实现企业信息资源在不同部门和不同层级之间的低成本流通和共享,达到企业价值链和实物链的完美结合,提升信息传递的及时性和准确性,为管理层作出有效决策提供有力保障。

业财融合决定了企业财务管理人员的视域不能仅仅局限于财务部门,不能就财务论财务。财务是企业管理中的纽带,是链条,是经营成果的具体体现。企业的决策和计划需要来自各个环节的协调,而最终决策权归于企业最高管理层,执行和控制则由各个职能部门去实施。因此,业财融合是一项需要通盘考虑、同一目标、协调一致的工作,是一种"和合"文化的体现。企业应当以业财融合的主体——财务部门为中心,转变观念,将价值管理的理念落实到企业管理的每一领域和每一层级。

案例 3-1

文化建设助推业务管理与战略落地①

近年来,国网信通产业集团探索以价值理念实践的方式开展企业文化建设,在企业文化强基础、优路径、显成效、促提升方面进行了积极的尝试和实践,力求使企业文化与集团当前及未来发展需要相契合,更好地发挥文化铸魂、文化赋能、文化融入的作用,助推发展业务管理与战略落地。

一、因势而为,深化企业文化建设

国网信通产业集团成立于 2014 年,是国家电网公司整合系统内优质信息通信资源成立的专业化产业公司。经过五年多的快速发展,集团经营管理基础逐渐夯实,企业规模不断壮大,亟待有效发挥党建引领和文化驱动作用,实现高质量可持续发展。

站在新的发展起点上,一方面,如何立足实际,通过文化铸魂、文化赋能、文化融

---

① 本案例根据刘琳,穆艳梅:《以价值理念实践助推战略落地执行》(载于《中外企业文化》2020 年第 10 期)改编而成。

入,推动战略落地,实现文化与战略协同,成为集团当前的重要课题。另一方面,如何落细落小落实国家电网公司企业文化价值理念体系,实现两级价值理念体系的有效承接,也是集团企业文化建设值得探索和破解的问题。

就集团自身来说,一方面,下属二三级单位较多,每家单位都经历了不同的发展历程,形成了各自的企业文化。最大限度降低所属二三级单位自然形成的企业文化对经营管理的负向作用,塑造具有融合性和竞争力的企业文化,支撑集团持续获得发展优势,势在必行。另一方面,集团作为信息通信企业,人才流动率相对传统电网企业要高,对于企业的运行模式、运行效率都会产生一定影响。只有更好地发挥企业文化的稳定和融合作用,才能确保集团行稳致远,持续发展。

二、聚焦关键,强化价值理念落地

为了适应新形势发展需要,国网信通产业集团深度调研分析企业文化现状和存在的问题,在以往企业文化建设的基础上"去粗取精",进一步明确企业文化建设方向和路径,突出企业文化建设的关键在于价值理念落地,启动企业文化价值理念实践。

2020年,集团在15个基层一线业务和职能单元理念实践试点取得的成果成效基础上,进一步扩大实践范围,组织29个业务和职能单元开展理念实践,引导干部员工运用理念实践工具和方法,解决经营管理中存在的问题,建立科学思维方式和行为习惯,持续驱动和优化战略执行。

三、深耕细作,提升理念实践成效

(一)扎实基础,培育认知

深度诊断分析,摸清文化现状。重点围绕职能、业务两个方向,高、中层管理人员和普通员工三个层级,企业文化认知、认同、践行三个维度,开展多阶调研及深度诊断分析,全面评估集团企业文化特点、问题及其表现,明确应当传承的精神和行为,以及当前较为缺失、后续需要强化的精神和行为。

制定方针信条,培育共同认知。基于调研诊断结果,集团落细落小落实国家电网公司价值理念体系,提出具体管理方针与员工工作信条,面向中层及以上管理人员征求意见建议,通过集团年度工作会议正式发布,传达集团经营管理中倡导的管理理念和员工工作中遵循的行为准则,以研讨促进传播、增进理解、培育认知。

培训专业队伍,壮大传播力量。面向各层级管理人员、企业文化工作人员、理念实践参与人员开展企业文化专项培训,引导帮助大家对企业文化、企业文化建设、理念实践、理念实践工具建立正确的认知和理解,助力理念实践稳步开展。

(二)自上而下,合力推进

夯实工作机制,突出明责履职。各级党委发挥企业文化建设主体作用,将企业文化建设摆在发展全局中来谋划,确立了以项目化运作方式推进价值理念实践,助力战略落地执行的企业文化建设思路。建立党建部主导、各单位联动、各单元发力的推进机制,确保形成工作合力。

发挥支部力量,厚植文化土壤。树立党的一切工作到支部的鲜明导向,推动支部在推进理念实践上走在前、作表率。创新将理念实践与企业文化示范点创建、党支部示范点创建相结合,各单元所在党支部书记主动担任理念实践主要负责人,有力推进实践工作,切实发挥辐射带动作用,推动形成基层企业文化建设新局面。

强化典型引领,做好示范带动。在理念实践关键节点及时组织开展分享交流,试点单元强化典型示范,现身说法理念实践经验及取得的成果成效,启发更多单元"点"上突破,服务全局、带动全局、支撑全局,促进集团理念实践以"星星之火"逐步走向"燎原"之势。

(三) 融入实际,逐步推广

着眼工作目标达成,扎实开展实践。坚持目标导向和问题导向,44个单元结合工作实际,从拟解决的问题、拟重点贯彻的方针与信条、拟达到的目标、拟采取的措施等方面入手,分别就人才培养、产品研发交付、营销服务、安全质量管理、项目管理、提质增效等专业领域开展理念实践工作。

注重一对一跟踪辅导,提升关键能力。建立理念实践月度一对一沟通辅导机制,组织各单元运用企业文化管理的本质化思维探寻问题根源,以系统性思维梳理问题解决对策,引导大家形成科学思维方式和工作方法,提升员工个人能力和团队整体效能,推动工作目标达成,助力战略目标实现。

提炼理念实践工具,逐步深入推广。在理念实践过程中,通过固化运用LUTI(学习、运用、教授、检查)金字塔学习模型、持续使用"2+6"有效沟通流程图、业务+职能"1+1"模式协同推广安全技术、运用PDCA(计划、执行、检查、处理)法提升项目履约能力、践行"5+2"员工素质和能力模型等,总结形成理念实践标准化做法,提炼形成PDCA循环、LUTI学习法、5W2H(七问分析法)等5项理念实践工具,持续优化完善,推动企业文化建设由试点先行走向逐步推广。

四、知行合一,打造文化建设模型

知:价值理念构建

集团基于企业文化现状调研诊断,研究提出管理方针与员工工作信条,明确告诉干部员工应该做什么、怎么做,使国家电网公司价值理念体系更直观、更具体、更贴合实际,导向清晰、通俗易懂。这一创新探索,实现了集团显性化的价值理念构建,使价值理念不再是"空中楼阁",而是切实具有操作性的实用工具,让企业文化更具生命力和持续性。

行：员工行为塑造

为了避免企业文化工作流于形式，集团明确企业文化建设的关键在于价值理念落地，引导干部员工结合具体工作在转变思维模式和行为习惯的过程中迈出正确的一小步，逐步实现心理上的认同和行为上的统一，促进价值理念在企业内部的稳定和传承，为企业持续发展奠定厚实的基础。

44个单元通过参与理念实践，各项工作切实取得阶段性实效，解决了问题、提升了效率、强化了能力、凝聚了合力。干部员工在理念实践中获取到的成功经验，也将进一步推进价值理念认知、认同、践行的正向循环。

本章参考文献

［1］［美］埃德加·沙因. 组织文化与领导力（第1版）［M］章凯，罗文豪，朱超威，等，译. 北京：中国人民大学出版社，2014.

［2］柏奕晗. 文化建设的"招式"与"内功"［J］，人力资源，2021（1）：46-48.

［3］董皓. 智能时代财务管理（第1版）［M］. 北京：电子工业出版社，2018.

［4］高铁柱. 中国传统"和合"文化与企业财务管理［J］，当代电力文化，2017（11）：58-59.

［5］刘琳，穆艳梅. 以价值理念实践助推战略落地执行［J］，中外企业文化，2020（10）：11-12.

［6］王国义. 企业文化与企业管理的关系［J］，商场现代化，2020（11）：95-97.

第四章 业财融合运行机制

业财融合,即业财一体化,是指借助大数据和人工智能技术,实现业务流、资金流、信息流等数据源的实时共享,为企业各层级根据战略规划作出精准决策提供支持的、业务和财务高度融合的财务管理新模式。要想充分发挥业财融合的作用,提升企业的"管理效率"和"资产配置效率",需要构建完善的业财融合运行机制。

第一节 业财融合运行机制概念界定

要构建完善的业财融合运行机制,先要了解业财融合运行机制的概念,业财融合运行机制构建的必要性,业财融合运行机制构建的基础以及业财融合运行机制构建的基本原则。

一、业财融合运行机制的概念

(一)运行机制

机制原指机器的构造和工作原理。生物学和医学通过类比借用此词,指生物机体结构组成部分的相互关系,以及其间发生的各种变化过程的物理、化学性质和相互关系。现已广泛应用于自然现象和社会现象,指其内部组织和运行变化的规律。

运行机制是指在人类社会有规律的运动中,影响这种运动的各因素的结构、功能及相互关系,以及这些因素产生影响、发挥功能的作用过程和作用原理及运行方式。各种因素

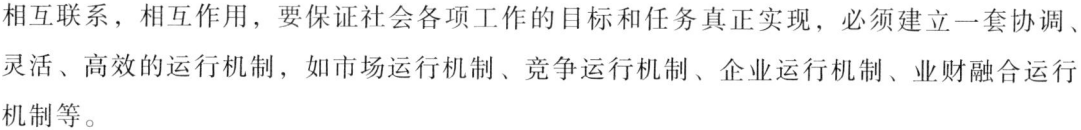

相互联系，相互作用，要保证社会各项工作的目标和任务真正实现，必须建立一套协调、灵活、高效的运行机制，如市场运行机制、竞争运行机制、企业运行机制、业财融合运行机制等。

企业运行机制指企业生存和发展的内在机能及其运行方式，是引导和制约企业生产经营决策并与人、财、物相关的各项活动的基本准则及相应制度，是决定企业经营行为的内外因素及相互关系的总称。

（二）业财融合运行机制

业财融合运行机制是指企业在业财融合中，影响业财融合的各因素的结构、功能，及其相互关系，以及这些因素产生影响、发挥功能的作用过程和作用原理及其运行方式。业财融合运行机制是引导和制约决策并与人、财、物相关的各项活动的基本准则及相应制度，是决定行为的内外因素及相互关系的总称。各种因素相互联系，相互作用，要保证业财融合的目标和任务真正实现，必须建立一套协调、灵活、高效的业财融合运行机制。

二、业财融合运行机制的内容

业财融合运行机制的内容包括：业财融合运行机制投入运行过程的基本要素；由要素有机结合所形成的结构；结构所发挥出的机能；运行的基本轨迹等。

（一）业财融合运行机制投入要素

业财融合运行的基本要素是劳动力、物资、资金和信息。劳动力要素包括参加企业运行的全部人力，这是运行的主体；物资要素包括劳动手段和劳动对象，它们是运行过程中被劳动力利用或作用的对象；资金要素包括运行的全部资本垫付，这是实现企业与外部联系所借助的必要手段；信息要素包括企业内部管理信息与外部市场信息等，它是连接企业内外关系，连接业财融合运行过程中人与人之间、人与物之间以及物与物之间关系的纽带。

（二）业财融合运行机制投入要素的结构

业财融合运行过程中各要素有机结合形成生产、经营和管理三大结构。生产结构履行物资形式转换与产品价值和使用价值的创造职能；经营结构履行对外联系的职能，完成生产要素以及生产成果流出企业的任务；管理结构履行协调的职能，使运行过程中人、财、物和信息各要素之间保持最佳组合关系，发挥最高效率。

(三) 业财融合运行机制结构的机能

业财融合运行机制是指企业生存和发展的内在机能及其运行方式，是引导和制约企业生产经营决策并与人、财、物相关的各项活动的基本准则及相应制度，是决定企业经营行为的内外因素及相互关系的总称。业财融合运行机制是企业的经营系统、技术创新系统、财务系统等运行过程中各环节内部以及各环节之间本质的内在的相互关联、相互制约的工作方式的总和。

(四) 业财融合运行机制运行的基本轨迹

构建业财融合运行机制，就是要在对传统企业运行机制进行反思的基础上，使企业实现权、责、利的有机统一；人、财、物的有机结合；产、供、销的有机衔接。

在企业战略制定节点，财务部门提供战略决策支持信息与专业建议。财务部门通过战略决策管理委员会提供会计信息供战略决策，根据财务分析提供经营建议与识别企业经营和财务风险，以此通过联合决策保障企业战略决策精准定位。在企业预算编制节点，业务部门与财务部门协同参与制定经营预算。其中，预算管理委员会以企业战略为导向，在预算编制环节协调部门之间目标的冲突，提升预算管控效果。在企业预算执行节点，财务部门主导执行业务运行成本与风险管控。由财务部门主导，成本与审核委员会通过定期或临时化监督、财务审核等管理活动，加强成本、材料消耗、人工、库存、管理费用等企业成本管控。成本与审核委员会将关键风险控制点融入业务过程管理中，建立基于关键指标的预警机制，加强企业风险管控。在企业预算考核节点，财务与业务部门共同考核评价预算

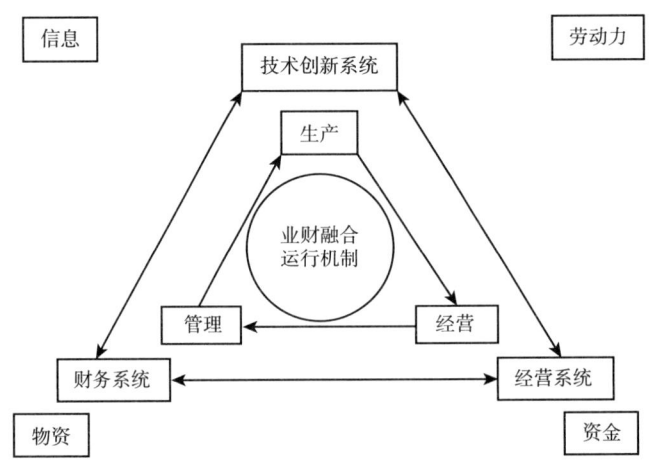

图4-1 业财融合运行机制要素结构示意

执行情况。以企业战略为导向,以资源优化配置为目标,建立业务指标与经济指标融合的预算考核指标体系,管理考核委员会对企业各部门预算执行进行评估和考核。在此基础上,管理考核委员会根据价值导向、业绩透明、系统性、制度激励以及可行性等原则,分析预算编制和执行情况,为优化预算管理建立决策基础。

三、业财融合运行机制构建的必要性

业财融合运行机制在企业管理系统中具有重要作用,随着我国企业业财融合的不断深入,许多企业开始意识到,建立、维护适合自身发展需求的业财融合运行机制已迫在眉睫。业财融合运行机制通过对企业内部相关流程和岗位职责进行设置、约束、控制、规范和评价,对企业生产经营和日常活动进行事前、事中和事后的监督,以规范企业生产经营活动,确保资产的安全性和完整性,规避经营风险,使企业在市场竞争中立于不败之地。

(一) 企业提高核心竞争力需要建立业财融合运行机制

对于企业而言,要想在不断变化的外部环境中保持竞争优势,将企业内外部环境进行有效协调,就必须按照现代企业制度要求,将企业现有管理体系、规章制度和业务流程进行统筹归并,健全业财融合运行机制,加强工作环节无缝衔接,规范和制约业务活动,以此实现业务流程优化,提高企业核心竞争力。

(二) 企业提高制度执行效果需要建立业财融合运行机制

随着企业的发展,通常会建立较多业务系统、管理体系,如 ISO 质量管理体系、经营系统、规章制度等。虽然这些可以丰富管理需要,但由于现有制度存在纵横交错、多体系共存、多头管理等情况,因此需要推动业财融合运行机制建立,从而整合公共要素,将多套制度体系进行有机整合,建立统一管理架构,促进企业业务财务系统的统一、实用、可操作。

(三) 企业防范经营风险需要建立业财融合运行机制

加强业财融合运行机制建设,有利于健全企业规章制度,规范企业生产经营,防范经营风险。在业财融合运行机制建设过程中,通过建立制度管理平台,有利于改进管理制度,发现企业管理中深层次问题,优化企业经营管理流程,防范企业经营风险。

(四) 企业确保信息沟通渠道畅通需要建立业财融合运行机制

企业为使内部信息沟通机制顺畅,需要建立横向、纵向的信息传递渠道,健全企业经

营、管理制度、审计等信息传递模式，完善企业与第三方沟通机制。在此过程中，完善的业财融合运行机制则可以明确各系统、管理制度相关职责，规范信息系统管理，有利于信息可靠、安全、合理的传递及有效融合，从而保障信息安全和信息数据的合法性、真实性、规范性。

四、业财融合运行机制构建的基础

业财融合运行机制的构建需要有技术条件支撑，需要有财物保障，需要领导者重视，需要员工配合，还需要组织架构的改变。

（一）领导重视

业财融合运行机制构建需要转变管理思维，这是最为关键的步骤。认知决定高度，思维意识决定价值，企业领导者尤其是"一把手"，要亲自率队做好业财融合运行机制顶层设计。只有一把手重视业财融合对企业管理价值创造的积极作用，在其正确理念的带动下，投入资金、技术、精力建设系统平台，梳理业务流程，消除财务业务流程及活动中无价值的环节。管理层的重视使业财融合实现顶层推进，推动业务部门和人员有财务思维，财务部门要认识到自己不仅会算账、报账，也是价值创造者。企业管理层对于业财融合运行机制进行良好的规划发展并且确切落实，制定出科学合理的发展目标。企业要结合自身的情况，决定是逐步加强管控，还是降本增效抑或是促进服务质量的逐步提高。制定的发展战略不同，也会对业财融合运行机制构建的进度产生较大的影响。对于企业的财务、业务人员需要从企业发展的角度来作出全方位的审视，能够根据财务理论的实施，制定出具有价值意义的绩效体系，提供科学合理的可行性措施。

（二）技术支撑

业财融合运行机制构建的基础在于信息能够实时传递、共享，业务信息能够通过系统直接对接到财务系统中，实现数据的及时交换和共享。将业务和财务信息一体化，既解决了企业信息孤岛的问题，提高了信息资源的准确性和使用有效率，又统一了企业信息技术的标准，前置了财务部门的职能。手工会计时代也有业财融合，信息技术的发展尤其是人工智能、云计算、大数据、移动互联的发展，提升了数据收集、加工、传递、使用的能力，为业财融合提供了技术支持。业财融合打通了财务与业务、财务与外界利益主体的界限，财务部门除了完成原来的会计记账、算账为主的核算工作外，更多地参与企业的预测预算、税务筹划、数据分析、业务财务工作流程监督，利用数据信息为创造企业价值服务。

（三）资金保障

在业务运行中一方面会形成资金占用，另一方面会形成成本费用支出。企业的经营业绩和效率主要由资金流的运作判断，业财融合的实现核心之一也是资金流。企业传统的财务会计收集有关信息的能力较差，时效性低，难以给管理者提供对决策有用的帮助，主要存在财务报告无法及时出具、产品成本归集模糊、预测结果不准确等问题。这就需要重新整合、分配企业资源，实现资金流、业务流的融合。物流是基于供应链在企业中运作实现业财融合，将企业的业务操作流程和财务所需数据紧密实时结合，实现无缝衔接，系统实时分析相关数据并给予提醒。这样的方式实现了实时监控，使管理更加公开透明化，有利于实现供应链的零库存，使资金灵活化，提高供应链的竞争能力。企业统一管理系统中的信息数据，随时监控分析成本收入。当业务发生时，所有相关信息都要集成到系统中，相关使用者根据权限可以分析比较计划成本和实际成本。结合全面预算的方式，管理企业的收入、成本、费用，实现业财融合。当发生业务实现收入和支出时，所有相关信息数据要录入预算的管理中，促使资金的迅速传递，提高预算水平。根据管理的需要，定期或不定期地从系统中自动或人工提取信息，分析预算的执行现状，控制预算的过程，提升资金管理程度。全面预算可以更好地优化配置资源，统一规范资金使用，控制信息流转，监控收入支出。

（四）员工配合

对于企业的业务人员和财务人员来说，并不十分清楚对方部门的工作内容，因此需鼓励各部门人员互相交流学习，熟悉彼此的业务流程。例如，在企业的业务部门实施销售活动时，可以根据云计算等方面的技术，积极实施以下这几个方面的活动，第一，业务在市场上具有一席之地；第二，企业在市场发展前景；第三，市场未来发展方向；第四，替代品发展情况；第五，供应商讨价还价能力；第六，客户实际需求等。在调研的基础上，对企业的收入进行合理预测，制定出针对业务人员的激励机制，换言之，就是指财务人员不仅要做好事后监督这一岗内工作，还要做好事前预算等增值工作。如果思维还仅仅停留在收入核算这一层面上，就与会计分录没有差异，如果将意识放在业务经营和开展这一层面上，就会逐步成为财税价值的创造者，立足于岗位职责，提升和创新价值增长点。

（五）组织保障

业财融合的基础是计算机技术和互联网技术的发展应用。借助信息技术，实现流程再造，以重整业务流程为前提，将原来刚性的、纵向控制的管理层级设计改造为横向协作的团队。企业平台化是业财融合背景下企业数字化转型过程中的一种营运模式,平台化营运将原本管理层级明确、封闭的组织机构转为扁平化。扁平化的组织机构由于管理层次少、管理幅度宽、组织机构更简洁、更精干,管理成本减少。这种机构便于高层领导和基层人员直接沟通,也强调同级之间的沟通,信息传递速度快、不容易失真,有利于及时掌握市场和生产经营情况,快速决策。

五、业财融合运行机制构建的基本原则

业财融合运行机制的构建原则是其能正常运行的依托,整体上看,业财融合运行机制的构建主要应该遵循以下五个原则:一是技术性原则;二是变动性原则;三是一致性原则;四是可操作性原则;五是可控性原则(见图4-2)。

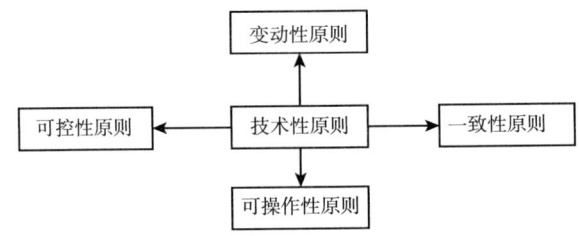

图 4-2 业财融合运行机制构建原则

(一)技术性原则

对于业财融合运行机制的构建而言,主要是立足于技术性原则。传统分工中业务部门与财务部门各自采用独立的软件处理相关的数据和信息,财务数据与业务数据之间相互隔绝,对于不了解业务部门工作内容的财务人员来说,从一开始的数据搜集和整理,原始凭证的录入和各种账簿的登记,到编制记账凭证,最后以账簿和凭证为依据编制会计报表,在这个财务流程中所加工和输出的会计信息中存在数据与数据之间关联性不强的问题,那么财务部门对外报告的信息就可能影响到企业管理层的决策。因此,构建业财融合运行机制应遵循技术性原则,通过业务部门和财务部门的融合来打破两部门间的信息孤立的局面,从而实现信息共享。大数据和云计算等现代技术使企业在业财融合的过程中信息的传递更加实时、完整,企业管理者能够实时地监控业务前端信息和财务部门对外实时报告的财务信息。

(二)变动性原则

随着公司内外部环境的变化,面临的风险也可能发生变化。业财融合运行机制须遵循

变动性原则，以适当的方式及时对这种变化作出调整。财务部门要深度参与企业经营计划的制订与管理，站在财务视角评价业务部门当前经营计划设置的合理性，实现经营计划与财务能力的动态匹配。

（三）一致性原则

一致性原则主要包含两个方面的内容，一是利益一致；二是决策控制一致。具体来看，利益包含三个方面的内容，一是国家利益，二是企业利益，三是各个职能部门的利益，这三个利益需要保持高度一致。业财融合运行机制对利益的要求应该是：企业在大环境下想要获得最大化的利益，就需要将每一条生产线与整体的利益相统一，而不是仅仅关注各个部门的利益。决策控制一致也包含决策的控制方法一致和实施过程一致两个方面的内容。由于各个职能部门之间存在信息沟通不畅等问题，这就使决策在具体执行的过程中，可能会出现一定的过失，进而会影响企业的内部管理和控制过程。业财融合运行机制构建的根本目的就是保证目标、管理以及决策信息的一致性。

（四）可操作性原则

业财融合运行机制的构建还需要遵循可操作性原则，使其可以在实际过程中充分应用，使财务及业务人员规范执行，不能过于形式化。在执行业财融合运行机制时，为了提升业财融合运行机制的可操作性，需要结合企业实际情况，合理选择对应的发展方案，不能盲目套用其他企业管理模式，要因地制宜，在实践过程中总结经验，及时改进和优化业财融合运行机制。

（五）可控性原则

业财融合运行机构构建还要求责任者在自身的职权范围内，负责相应的经济活动，对活动中管理与决策的连贯程度进行控制，促使运营和管理等达到统一的标准，在量化经济数据的基础上，实施绩效的全面考核，对诸多方面都进行合理的控制。与此同时，还应该明确划分责任，在加强职能部门联系的基础上，促使其协同合作，在这一过程中，离不开环节可控性。管理者的主要职责就是实施内部控制，业财融合运行机制主要是将诸多不可控的元素，借助于融合的手段，以此来达到可控程度。例如：对于业务部门而言，如果想要预估产品的销售情况，就应该借助于财务部门提供的数据实施科学化的管理和判断。立足于市场和财务的视角，制定出有较强操作性的销售方案。在确定可控范围的时候，主要是立足于各个部门的职责需求，在可控性原则中，充分体现出业财融合这一理念，以此来尽量降低不可控因素的出现。

第二节

业财融合运行机制的关键环节

业财融合运行机制是以企业价值管理为核心，发挥财务管理对企业战略与业务的决策支持作用，在企业销售决策、采购业务、资产管控和绩效考核等关键业财融合节点，发挥协调、审核、监督和决策等管理职能，以提升企业的"管理效率"和"资产配置效率"。

一、企业销售决策的管控

业财融合运行机制的一个关键环节是销售决策管控，财务管理主要是在管理控制生产经营活动的基础上，逐步实现最大化的企业价值，归根结底本质是价值管理活动。对于大多数企业而言，在构建业财融合运行机制的时候，没有把财务管理和销售业务活动密切地联系在一起，这就使财务部门难以及时掌握业务活动的大量信息，同时也使财务管理控制活动比较滞后，销售业务部门也难以得到资产配置以及财务风险等信息，导致财务管理控制活动难以为企业销售决策提供有效的依据，弱化了财务管理的价值分析的作用。

二、企业采购业务的管控

业财融合运行机制的另一个关键环节是采购业务的管理，企业生产经营链条的前端就是采购管理，在设计采购模式的时候，要权衡多个要素，如采购数量、采购质量、采购价格等，这些都需要财务的融入。具体说来，在采购环节渗入财务管理，在积极开展业财联动分析和筹划的基础上，进一步完善采购管理水平，降低采购成本。如在采购前端嵌入业务、财务和税务等，通过这些部门协同，在签订合同的时候，更好地为采购部门提供参考依据，制定科学合理的采购模式，仔细推敲合同条款，以此来保障采购收益的逐步提升，还可以制定和实施合同财务审核制度，对合同中涉及的财务风险以及经济内容等进行审核考量，有效规避风险，显著提升经济效益。

在采购成本管理的过程中，包含诸多内容，如计划成本、配送、供应、销售等。具体来讲，这些成本可以划分为两个类型，一是直接反映在财务报表中的成本，即显性成本，如原材料的采购成本等；二是无形成本，如时间成本、库存成本等，二者共同构成了总成本。构建完善的采购制度是采购成本管理的基础工作，在具体实施采购活动的时候，可以对采购成本实施有效的管理和控制。财务管理要从幕后逐步转移到台前，以期更好地管理企业的采购成本，对于财务人员而言，要更好地融入采购业务工作中，落实成本管理监督模式。

三、企业资产的管控

业财融合运行机制的第三个关键环节是资产管理控制，主要包含固定资产、存货和无形资产三个方面的内容，重点是这些资产的账面、保险等价值，对于企业而言，要根据不同的价值目标，合理评估资产的价值。

第一，在资产价值确认方面，对于企业管理者而言，针对非经营性资产的折旧计提等，并没有确定相应的管理机制。但是在业财融合运行机构构建中，经营性资产以及设备的价值等会与生产成本的确认存在直接的联系，因此，决策者要综合考虑保险、融资等多个方面的内容，对资产进行价值确认，从而将非生产价值带入生产设备的真实价值中。单纯的账面价值仅仅满足的是报表列报的要求，在不同决策过程中，设备和资产具有不同的意义，会对企业的利润带来巨大影响。

第二，在设备引进方面，对设备项目投资没有积极开展事前和事中分析评估，对设备销售方的资信、生产质量等也没有调查，会造成引进的设备质量较差等后果，甚至会对生产环节以及企业的正常经营发展产生一定的危害。在购买资产设备的时候，需要耗费大量的资金，也就是资金占有率较高，难以在短时间内转换为有效生产价值。另外，有些从国外购买的资产设备实际产能与国产设备差别不大，还会产生资源浪费现象。

第三，企业的大多数资产管理都是由其他部门兼任的，并没有设置专门部门来管理资产的引进、核算等。对于业财融合运行机制构建而言，应考虑在资产价值确认以及处置的过程中，配置专门的会计人员进行分析决策，以此来逐步实现设备的最大化应用效率。现阶段，资产管理的风险控制主要包括四个内容，一是应对存货积压对现金流的影响；二是固定资产的更新不具有及时性；三是设备资产落后；四是在确认价值的时候不具有全面性。这些都会对企业的运营发展产生较大的影响，因此，企业要立足于自身的情况，加强内部管控，不断改进资产管理的薄弱环节。

四、企业绩效考核的管控

业财融合运行机制的第四个关键环节就是对绩效考核进行控制，在开展绩效管理的时候，要制定业财融合背景下统一化的工作内容和规章制度，并且定期开展工作评价等，主要内容有三个，一是制订绩效评定计划，二是执行绩效考核，三是制定绩效目标。在这一过程中，最为重要的环节就是实施绩效考核，也就是借助于公平的考核方法，在统一标准下，评定员工自身的发展情况，研究分析项目的实际完成情况。整体上看，绩效管理主要是指针对人这一主体实施的措施，在业财融合运行机制下，可以划分为三个层次，一是绩效评价，二是项目评估，三是公平绩效。

第一，绩效评价层次。对于企业而言，在绩效管理中，评价者借助于一定的方法，在企业制度的基础上，确认一段时间的工作以及项目进展情况也就是绩效评价，并且要与评价级别的归类相一致，这也是业财部门开展事中、事后控制的主要途径。传统意义上的绩效考核主要是被动地体现出业务评价，因此，构建业财融合运行机制时应考虑诸多环节，如人员招聘、材料定价等。进一步加强企业各个部门之间的联系，以此来有效地开展绩效管理。

第二，公平绩效层次。在同一个企业的不同分企业之间，可能会出现产品相同但是成本不同的情况，员工有可能因此滋生出负面情绪，进而对生产效率产生较大的影响。总企业的战略调整，也会对产品的销售环境等产生较大的影响，由此影响业务的实际绩效，从而影响员工的工作积极性。

第三，项目评估层次。工作态度是员工积极性的集中体现，也会在项目进程中有所体现。在实施业财融合之后，业务人员具备了一定的财务知识，会在业务开展的过程中更好地应用财务知识，也可以将绩效考核逐步转变为业务评价，省去繁琐的考核过程，进一步提升考核效率和专业化程度。这就使企业在构建业财融合运行机制时，重点关注绩效考核，尤其应实施动态化的考核，立足于整个项目开展有效的评估。仅仅评价员工的优劣，忽视整体工作效率的提升，采取静态的绩效考核，会与员工的发展不相适应。

第三节

业财融合运行机制的构建

随着企业业财融合的进一步深化，要想满足企业发展的需求，必须建立业财融合运行机制，对企业规范性发展以及企业管理提供可靠的保障，在业财融合过程中，使企业的财务价值管理理念能够在企业管理的各个环节体现，达到精益化管理模式，实现企业的可持续发展。

一、业财融合运行机制构建的现状

(一) 业务与财务部门缺乏统一的工作目标

在企业发展中,业务部门关注的工作目标是实现业务量指标,对于业务活动实施过程中含有的筹资、运行、投资等方面较为忽略。而财务部门的工作目标是企业发展所涉及财务预算的执行情况,以及企业所获得的经济效益。究其本质,业务部门注重的是"开源增量",而财务部门注重的是"节流增值",两个部门的工作目标存在差异,缺乏统一的目标,导致企业的业财融合出现问题。另外,业务部门为了完成工作指标,往往会采用"虚"的做法,更注重的是发展。财务部门工作开展的实质就是为了降低企业发展的风险,所以该部门会采用"实"的做法,更注重对企业发展风险进行管控,这也影响了企业"虚"与"实"的平衡,直接影响企业的发展成效和发展速度。

(二) 业务部门缺乏参与业财融合运行机制构建的积极性

业财融合体系下,对企业业务部门积极性造成影响的原因主要包括以下两点。

1. 财务部门主导,业务部门缺乏积极性。因为大部分业财融合运行机制的构建是由财务部门主导,所以大部分成果也会被财务部门摘取,而业务部门价值却无法获得明显的提高,这严重影响了业务部门参与业财融合运行机制构建的积极性。

2. 业务部门工作量提升,对业务部门业务量指标的完成造成不利影响。业财融合运行机制构建造成业务部门工作量提升,使业务活动开展无法依靠惯性思维去完成,需要接受财务部门价值管理理念的引领,而这极易造成业务管理暴露不足之处,从而对业务部门业务量指标的完成造成不利影响。

(三) 财务部门缺乏业财融合运行机制构建的手段

在业财融合体系下,财务部门缺乏参与业财融合运行机制构建的手段,导致财务管理能力不足,而造成这种现象出现的主要原因有以下两个方面。

1. 财务人员的知识结构较单一,缺乏深度。在企业财务管理中,由于大部分财务人员属于"核算型"的会计,工作内容也是以记账、核算等简单的会计工作为主,知识结构较单一,缺乏深度。对业务活动特别是前端业务缺乏了解,从而导致财务部门的管控能力不足,无法真正参与业财融合运行机制的构建。

2. 财务人员对于业财融合运行机制构建没有深入的了解。对于业财融合运行机制的构建没有非常精确性的评估，使企业对业财融合运行机制构建的价值判断没有科学合理的理论支撑。

业财融合是从管理学中的信息系统理论、决策理论等知识中发展出来的，构建业财融合运行机制并有效实施，能够更加有效地降低风险，促进企业战略目标达成，业财融合运行机制的构建可按以下路径实施。

二、业财融合运行机制构建的策略

（一）加强财务参与市场营销的管理

业财融合运行机制构建过程中，要想提高业务管理能力，需要加强对市场营销方案的管理，对市场营销方案进行科学设计，并对企业营销资源进行合理分配。在市场营销管理中融入财务管理理念，能够使财务人员充分发挥职能，在规划方案以及效果评估等方面，加强全方位的管理，增强企业的资源分配效率，对营销方案的设计和执行进行规范化管理，强化业财融合与联动，进而将企业财务管理与业务管理融合。要想提高业务部门的管理力度，使业务部门与财务部门彼此联动，财务部门应从事前介入、事中控制、事后评估等方面参与对市场营销的管理。

1. 事前介入。在市场营销方案实施之前，基于对业财融合体系的考虑，企业财务部门应对营销方案的可行性进行论证，并从政策合规性、风险控制方面等进行详细的分析，对市场营销方案进行严格的审核，尽量提高方案的可行性，进而达到增加企业经济效益的目的。

2. 事中控制。在市场营销方案的执行过程中，财务部门应全程跟踪营销活动的执行过程，深入分析营销方案的执行成效，确保财务部门能及时、准确地掌握业务受理和资源分配等情况，提高成本投入和资源配置的合理性，确保账务稽核工作能顺利开展，从而降低业务风险的发生概率。

3. 事后评估。在营销工作完成后，财务部和业务部的相关工作人员应对营销方案的执行情况和实施成效进行全面评估，对营销方案的实施成本和经济效益进行准确评估，以便更好地把握营销方案的评估效果和准确性。实施营销方案的事后评估，需要根据营销方案流程实施的中心来简短汇报，根据以下方面来实施：方案执行的不足之处、投入成本、客户发展等，确保企业能准确掌握业务活动的开展情况，依此积累活动经验，为后续的营销活动的开展奠定基础，从而确保企业经济效益得到大幅度提升。

(二) 激励约束与人才流动机制的构建

在业财融合体系下，要想提升企业的管理水平，需要企业财务管理很好地融合业务工作，对企业的各项制度进行融合，以便在此基础上建立更加科学的业财融合运行机制。企业的业务管理与财务管理的融合，能够节省资源，促进融合积极性，提高资源利用率，确保业财融合工作的顺利开展。激励约束机制的建立能为业财融合工作的开展提供保障。此外，在企业发展管理中，业财融合也存在一些问题，会直接影响业财融合工作的开展效果。针对上述情况，企业应建立科学的业财人员流动制度，为加强业务部门与财务部门之间的交流提供动力。由于流动人员的工作岗位、工作环境和职级晋升渠道发生了很大改变，容易导致流动人员的工作受到影响，所以企业应重视对人才制度的建设，并为轮岗交换的业财人员提供相应的奖励，提高业财人员交换工作的积极性，确保业财融合工作的顺利开展。

(三) 建立业财融合团队

专业化业财融合团队的建立，对于企业业财融合运行机制的建立有着促进意义，可以增强企业财务及业务管理水平。因此，为了加强对企业的管理，业财融合团队的成员不仅要具备良好的战略思考能力和沟通能力，对业务活动和财务管理等方面也应有深入了解。针对这些特点，业财融合团队的建立有两种主要模式：一是向业务部门派驻专业的财务人员；二是设置独立的业财融合岗位，构建业财融合组织。该岗位具有的工作内容可以根据三个方面来分析：第一，财务人员应利用自身的专业财务知识和风险控制意识，对市场营销方案进行评估、审核，并据此为业务部门工作的开展提供一些专业的建议和意见，进而推动企业实现可持续发展；第二，财务人员对业务活动、投资效益等实施评估计算，使财务部门在具体工作中能够充分发挥作用；第三，需要加强对于风险因素的预防和控制，能够有效地实施内部控制评价，对于业务活动中出现的内部控制缺陷问题进行及时有效地整改解决，减少风险因素的发生。

三、业财融合运行机制的构建路径

(一) 业财融合嵌入内部环境

把业财融合嵌入内部环境对于构建业财融合运行机制而言十分重要，能够帮助企业改善外部发展环境，提升企业控制能力。而在此过程中，却存在企业管理者对业财融合认知度低、意识差等情况。因此，需要加强管理者对构建业财融合运行机制的重视程度，提高业财融合运行机制行为主体的素质和业财融合运行机制管理的投入。

业财融合概念结构

案例 4-1

华为公司将业财融合嵌入内部环境

作为全球有影响力的 ICT（信息与通信）基础设施和智能终端提供商，华为公司适应业财融合新理念，将业财融合嵌入内部环境，提升了企业内部管理水平。建设独立的财经组织体系，发挥三大职能，华为的组织结构随着企业的发展不断改革，由最初高度集中的组织架构逐渐演化为动态的矩阵式组织结构。而在财务体系方面，华为将各分公司、子公司虚壳化，打破其法人实体概念，在董事会下设立财经委员会，创建独立的财经组织体系（详见图 4-3），重建了公司的运行逻辑，实现财务人员的跨区域、跨国度集中管理。在财经体系下，华为将整个财务职能具体划分为账务、财经和内审三部分。作为独立机构，财经体系负责整体的会计集中核算与资金集中管理，发挥最基本的账务职能；实施财经管理，从各业务部门抽调干部加强财经组织的业务建设，使财经组织深入了解业务的同时更好地融入业务，从而发挥财务管理职能，一方面在流程中设置控制点，降低企业运营风险；另一方面收集并利用端到端的信息，为企业决策科学性提升价值；设立审计部与监控部等内审机构负责审计监督职能，为企业发展提供内部保障。账务、财经和内审三大职能彼此独立又相互联系，促进业财融合的同时，为业财融合运行机制的有效实施提供了基础保障。

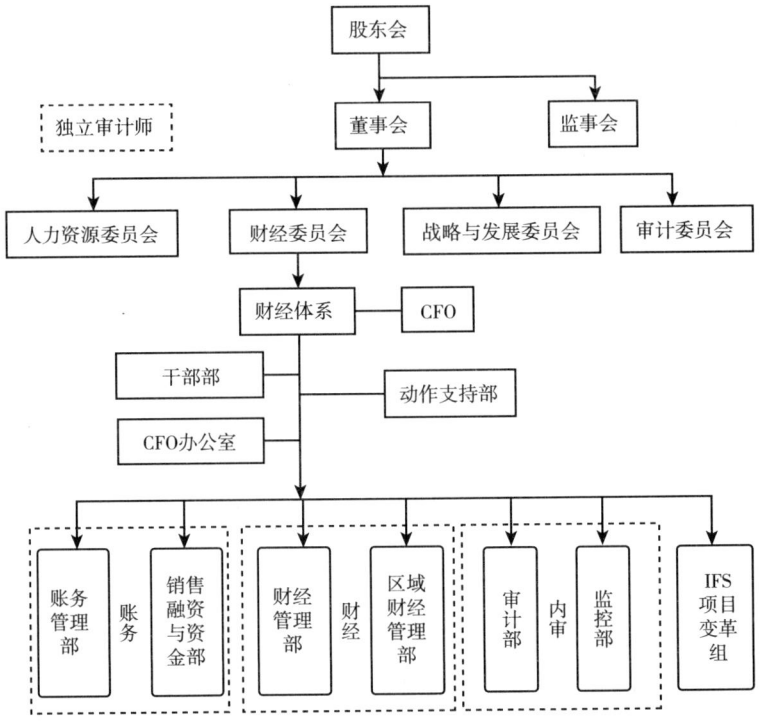

图 4-3 华为公司的财经体系架构

(二) 业财融合嵌入风险评估

业财融合后，在对企业开展风险评估时，包含四个方面：一是目标设定；二是风险识别；三是风险分析；四是风险应对。企业事务财务能够对已经出现的例子作出综合分析，并且针对其开展风险分析，会涉及多个具体的过程，如资源配置等，进而决定可以实施的项目。对于业财融合嵌入风险评估能够看作是根据模拟企业财务报表方式，分析此项目能否按时高效完成进行合理的预测，包含资金投入、所处的经济环境等，并且进一步研究分析企业可能会盈利的项目类型，在科学合理调整的基础上，将企业的经营风险界定在一个合理的范围内，进而调整决策，促进企业的发展。在识别和分析潜在风险之后，制定的措施就是风险应对策略，会涉及多个方面的内容，如风险规避、评价等。对于事务财务来说能够对比较类似的历史事件进行分析和整理，然后对其中的风险作出评估和分类，由此得知是否存在可以借鉴的成功经验。借助于模拟财务报表的方式，合理评估发展计划，以此来促进企业目标的实现，分析技术投入、环境状况的合理性，由此决定项目是盈利还是亏损，在这一过程中，及时做好策略的调整，进一步降低运营风险，与此同时，财务部门需要和企业的管理者实现对接，对于数据报表的归纳整理方面需要根据风险因素的不同及时作出战略上的改变。

案例 4-2

华为公司将业财融合嵌入风险评估

为了将业财融合嵌入风险评估，华为公司设立了专门的内控与风险管理部门，定期开展针对全球所有业务流程的风险评估，对公司面临的重要风险进行识别、管理与监控，预测外部和内部环境变化对公司造成的潜在风险，并就公司整体的风险管理策略及应对方案提交公司决策。各流程责任人负责识别、评估与管理相关的业务风险并采取相应的控制措施。公司已建立业财融合运行机制的改进机制，能够有效管理重大风险。

(三) 业财融合嵌入控制活动

业财融合嵌入控制活动的开展包含企业对风险因素的预防及能够承受的范围，可以根据风险评估在业务流程、绩效考评等企业管理运行模式中进行控制，能够保障对风险事件进行有效的处理。业财融合管理模式把控制活动划分为事前控制与事中控制，是对于项目进程的分析。对于事前项目实施控制，是从人工、订单、运输等方面进行预估计算。对于事中项目实施控制，能够对经营流程以及生产流程方面作出合适的调整，达到节约资源的目的。对于事务、业务、战略在具体实施过程中具有的一致性的目标，能够根据彼此的融合使控制流程变得高效。

案例 4-3

华为公司将业财融合嵌入控制活动

在控制活动方面,华为将业财融合渗透到人力、财力、物力与信息的全面控制领域。首先,人力资源是企业发展的关键要素,华为在员工培训、岗位分配等方面强调业财融合,增量绩效的运用也是对人力资源管理的进一步优化。其次,财力资源是企业的血脉所在,华为在预算管理与费用报销环节应用业财融合,既加强了财力的运用效率与效果,也对资金流动实现更严格的监控。再次,华为引入的物联网技术将资产实物管理与数据记录联动,确保资产安全的同时也能及时为财务管理等提供支持。最后,确保财务信息的可靠性是业财融合运行机制的主要目标之一,华为的账务集中处理使财务信息真实且有用。

(四) 业财融合嵌入信息沟通

业财融合后,信息的搜集和整理的过程,能够保障财务、业务信息方面的有效性和真实性。第一,对于企业业务事前评估流程中能够引入事务财务,然后对于企业生产期间的很多数据信息实现操作整理,根据数据方式来介绍业务。可以对事务财务在盈利方面作出整理归纳,能够保障企业内部信息流通过程中,把数据信息传输到各个部门,使信息不通畅的现象得到优化;第二,业务财务主要是指财务部门在各个部门之间渗透财务信息,以此来促进业务和财务信息的高效衔接,在收集企业公允价值的基础上,立足于企业内外部处理方式,进一步汇总多个方面的数据信息,进而在管理者之间传递信息;第三,对于战略财务的实施也就是在企业整体战略目标实施过程中,能够根据财务模拟方式,合理评估发展计划,以此来促进企业目标的实现,战略财务在收集、汇总信息的基础上,删除多余信息,将真实有效的信息及时反馈给管理者。

案例 4-4

华为公司将业财融合嵌入信息沟通

伴随着产品跨度的不断扩大,华为早期横跨各个业务单位的一体化销售模式逐渐暴露出内部沟通复杂等弊病。在此背景下,华为在内部开展组织结构改革,由以前的孤军作战转变为小团队作战,组建面向特定客户(群)项目的核心管理团队——"铁三角"作战单元。在以项目为中心的团队运作模式下,华为安排财务人员参与项目的生命周期全过程(而非财务岗位的片段式工作),通过深入项目前端,执行项目财务与项目管理,对财务与业务的全局有所掌握。在项目财务分析的基础上,要实施项目经营分析,将财务数据与业务数据相融互通,真正为公司的业务经营管理提供战略性参考。同时,建立以利润指标为指引的项目预核算机制,即以成本作为项目报价基础,将最终确定的项目报价作为项目交付预算,使之贯穿项目管理全流程。项目经理既要承担最终交付,也要负责项目财务数据与指标。以项目为中心的小团队作战缩短了决策过程,提高了决策效率,大大缩减了内部沟通成本。

(五) 业财融合嵌入内部监督

嵌入业财融合的内部监督可以及时反映企业的运营情况,并且提示企业在业财融合的过程中可能会存在的问题,借助于内部监督,能够避免发生财务与业务的违规现象,也需要对管理层实施有效的监督管理,促使其更好地履行自己的职责,及时改正不合理的管理模式。在实施业财融合管理过程中,可以引入新鲜元素,但要由监管部门实施有效的管理。在业财融合运行机制构建之后,就需要对这一体系开展有效的评估,以此来促进企业的可持续发展。合理设置企业内部审计组织机构,内部审计内容十分广泛,一般包括内部财务审计和内部经营管理审计,内部审计是业财融合运行机制的重要组成部分。

案例 4-5

华为公司将业财融合嵌入内部监督

华为公司将业财融合嵌入内部监督中,实现了财务与业务的信息共享,既为经营活动提供了更多的财务数据支持,提高了财务管理效果,也完善了内部控制体系,强化了内部监督管理。

综上所述,业财融合运行机制的构建路径为:业财融合嵌入内部环境、业财融合嵌入风险评估、业财融合嵌入控制活动、业财融合嵌入信息沟通、业财融合嵌入内部监督(如图 4-4 所示)。其中,业财融合嵌入内部环境是业财融合运行机制构建的手段,业财融合嵌入风险评估是业财融合运行机制构建的依据,业财融合嵌入控制活动是业财融合运行机制构建的手段,业财融合嵌入信息沟通是业财融合运行机制构建的载体,业财融合嵌入内部监督是业财融合运行机制构建的保证。

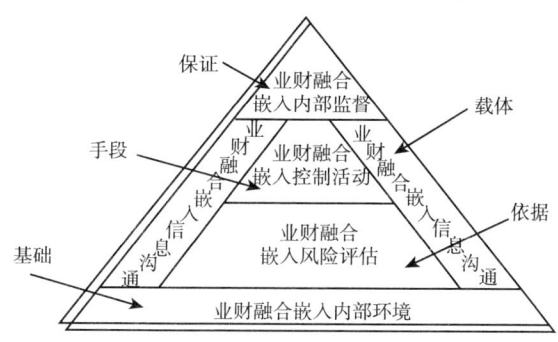

图 4-4 业财融合运行机制构建路径

本章参考文献

[1] 张英,赵旭晨. SAP 平台下业财一体化的运行机制分析 [J]. 现代商业,2020 (18):187-188.

[2] 马振英. 业财融合嵌入企业内部控制体系的优化研究 [J]. 当代会计,2020 (10):12-14.

[3] 蒋大冬. 业财融合嵌入企业内部控制体系的机理及应用 [J]. 企业改革与管理,2020 (09):171-172.

[4] 张洪媛. 业财融合嵌入企业内部控制体系的应用研究 [J]. 中国乡镇企业会计,2020 (04):207-208.

[5] 王小梅. 业财融合嵌入企业内部控制体系的应用研究 [J]. 商讯,2020 (06):123-124.

[6] 寇枫. 试论新时期业财融合嵌入企业内部控制体系的应用 [J]. 财会学习,2020 (04):243,245.

[7] 刘莉. 基于业财融合嵌入企业内部控制体系的应用分析 [J]. 财会学习,2020 (04):244-245.

[8] 李兴良. 业财融合嵌入企业内部控制体系的应用 [J]. 管理观察,2018 (31):21-23.

[9] 景诚. 企业内部控制体系优化探讨——基于业财融合嵌入模式 [J]. 财会通讯,2018 (29):114-118.

[10] 王伯峰. 制药企业业财融合嵌入企业内部控制体系的应用研究 [J]. 财经界(学术版),2018 (24):69-70.

[11] 文鸿义. 业财融合嵌入企业内部控制体系的应用研究 [J]. 财会学习,2018 (20):239,241.

[12] 赵美荣. 业财融合嵌入企业内部控制体系的应用研究 [J]. 中国国际财经(中英文),2018 (07):90.

[13] 布旭. 业财融合嵌入企业内部控制体系的应用研究 [D]. 烟台:山东工商学院,2017.

[14] 王娟. 浅析业财融合背景下企业内部控制制度构建 [J]. 人才资源开发,2017 (20):156-158.

[15] 陈月,马影. 业财融合在华为公司内部控制中的应用 [J]. 财务与会计,2019 (07):26-28.

第五章 业财融合技术支撑

大数据、智能化、移动互联、云计算、物联网和区块链等现代信息技术的不断发展与应用,推动了人类生产、生活领域的广泛融合,催生了新业态、新模式。尤其是带来了企业管理方式的巨大变革,使业财融合成为大势所趋。

业财融合的实现,依托于 ERP 系统进行数据的搜集与整合。ERP 系统应用信息技术手段,将企业资源进行合理计划和配置,打通业务部门之间数据流,打破部门间壁垒,减少大量简单又繁杂的基础工作,提升企业业财融合的效率。

第一节 业财融合技术概述

互联网的产生与发展打破了时间、空间上的限制,实现了信息与知识高效的传播与共享,推动着社会各领域生产关系的变革。以互联网为技术支持的应用逐渐渗透到社会生活的各个领域,尤其是以"大智移云物区"为代表的新兴技术的不断应用,表明互联网正步入新的发展阶段。

2013 年 8 月,中国工程院院士、互联网专家邬贺铨在中国互联网大会上首次提出了"大智移云"的概念[1],即大数据、智能化、移动互联网、云计算。随后,在 IT 新技术的发展趋势中,将物联网、区块链加入"大智移云","大智移云物区"的概念正式提出并被广泛研究与应用。

与此同时,以 IPv6 协议为代表的应用,从根本上解决了 IPv4 网络地址资源不足的问

---

[1] 你知道"大智移云"吗?[N]. 人民日报,2015-1-23(20).

题,实现多种设备连入互联网,促进互联网的应用和发展。为 5G、物联网、云计算、大数据、人工智能、区块链等技术的融合提供了数字基础设施,促进了"大智移云物区"信息技术的迅猛发展,由此带来的数字化正在悄然向信息化方向发展,成为拉动经济增长、推动社会化转型的重要力量。

在业财融合的大背景下,技术是实现融合的基础保障。其中,因特网、移动互联网和物联网是实现数据采集、传输的基础保障,贯穿业财融合的全过程,为大数据、智能化、云计算和区块链技术的应用提供基础技术支撑。以传统 PC、移动终端和传感器等为代表的各类终端,依托基础网络设施实现了数据的收集、生成,并将各类数据按照统一的标准进行处理,最终形成庞大的、标准化的数据资源。数据的形成为大数据、人工智能、云计算和区块链技术的应用与发展奠定了坚实的基础。结合"大智移云物区"技术的核心特点,业财融合背景下的技术关联见图 5-1。

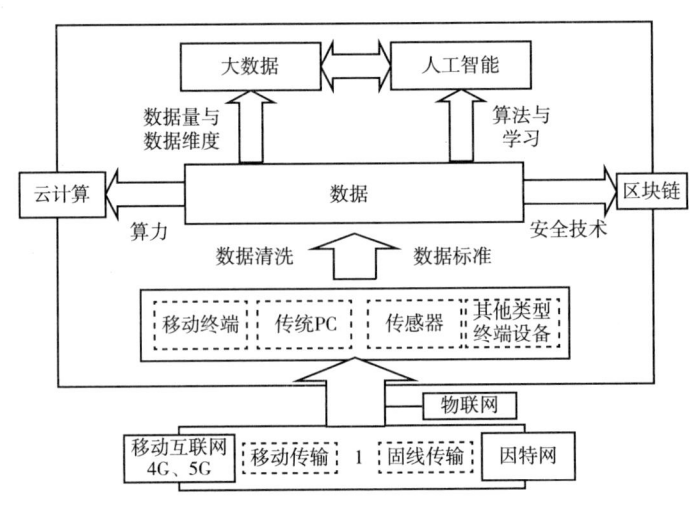

图 5-1 业财融合技术脉络

一、因特网

1. 因特网的概念。因特网由英文 Internet 翻译而来,又叫国际互联网,是一组全球信息资源的总汇,是由那些使用公用语言互相通信的计算机连接而成的全球网络。因特网以相互交流信息资源为目的,基于一些共同的协议,通过许多路由器和公共互联网形成,它是一个信息资源和资源共享的集合。

因特网始于 1969 年美国的阿帕网。20 世纪 50 年代,美国军方为保证自己的计算机网络在受到袭击时,仍能够保持通信联系,美国国防部高级研究计划局(ARPA)开始了阿帕网(ARPAnet)的研制工作。1968 年,由 ARPA 负责组建了阿帕网,1969 年第一期工程投入使用，开始时只有四个节点。1970 年，阿帕网节点扩张到数十个，网络建设初具雏形，但该阶段通信仅仅局限在内部网络间计算机，并且不能实现不同网络间计算机的互联通信。

ARPA 随后开始支持学术界和工业界对不同计算机局域网互联展开研究，1974 年出现了连接分组网络协议，不同计算机网络间的互联互通得以实现。其中包括著名的 TCP/IP 协议（IP 是基本的通信协议，TCP 是帮助 IP 实现可靠传输的协议）。ARPA 在 1982 年接受了 TCP/IP，选定 Internet 为主要的计算机通信系统，并把其他的军用计算机网络都转换为 TCP/IP 标准网络协议①。

2. 因特网的特点。

（1）全球性和即时性。因特网打破了国家和地区间信息交互的壁垒，让全球的用户共同享用网络资源。据不完全统计，截至 2021 年 1 月，全球互联网用户数量达到 46.6 亿。

（2）数字化的信息资源库。因特网上包括全球各种类型的计算机系统或网络，网络集聚的信息容量以及每一个端口所提供的动态信息资源十分巨大。

（3）协议标准、规范统一。因特网使用标准统一的 TCP/IP 网络协议，有效地解决了不同的硬件平台、网络产品、操作系统之间的兼容性问题，并为各种应用的开发提供了统一的平台。

3. 因特网的关键技术。

（1）TCP/IP 协议。TCP/IP（Transmission Control Protocol/Internet Protocol，传输控制协议/网际协议）是指能够在多个不同网络间实现信息传输的协议簇，是网络使用中最基本的通信协议。TCP/IP 自下而上可以划分为链路层、网络层、传输层和应用层（见图 5－2）。

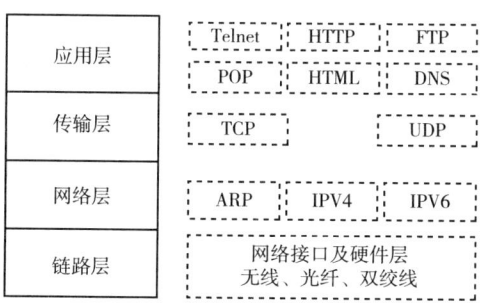

图 5－2 TCP/IP 协议层次

---

① 摘自百度百科"因特网"词条的解释。

①链路层。主要指网络接口及硬件，通常包括操作系统的设备驱动程序和网卡，共同负责处理与传输媒介的物理接口。

②网络层也称 IP 协议层。网络层的主要作用是 IP 地址寻找、IP 分包与组包、网络连接的建立和终止等功能。网络层目前使用较为广泛的是 IPv4 版本（Internet Protocol version 4，互联网协议第 4 版），IPv4 使用 32 位地址，地址总数为 43 亿个。随着各类终端数量的增长，IP 地址数量已经全部耗尽，不再能够满足全球网络飞速发展的需求。IPv6 版本（Internet Protocol version 6，互联网协议第 6 版），是互联网工程任务组（IETF）设计的用于替代 IPv4 的下一代 IP 协议，由于采用 128 位地址，在根本上解决了 IPv4 网络地址资源不足的问题，并且能够解决多种接入设备连入互联网的障碍。

③传输层。主要提供终端之间的通信，包括提供面向连接和高可靠性的 TCP 协议，以及可靠性不高的 UDP 协议。TCP 协议由于使用确认和重传机制，能够保证数据不丢包、没有冗余包以及保证数据包的顺序。而 UDP 协议为网络层和应用层之间提供简单的接口，在网络中它与 TCP 协议一样用于处理数据包，是一种无连接的协议，所以速度更快。但是由于不提供数据包分组、组装和不能对数据包进行排序，无法知其数据传输的安全情况。

④应用层。主要是定义数据的格式并按照对应的格式来解读这些数据，不同应用需要不同的应用层协议来解决不同问题。

（2）网络连接技术。网络连接技术是用户与互联网间连接方式和结构的总称。任何需要使用互联网的计算机必须通过某种网络连接技术与互联网连接。经过数十年的发展，网络连接技术的发展异常迅速，已经由当初的电话拨号上网，发展到现在形式多样的网络连接方式，网络带宽从最初的 14.4 Kbps 发展到了千兆。

（3）网络应用技术。网络应用技术是指与网络应用相关的所有技术。互联网发展的多元带来了网络应用的多样化，尤其是硬件设施的发展，网络应用技术向着更多样、更复杂的方向发展。

二、移动互联网

移动互联网是移动通信与互联网融合的产物，是传统电脑与互联网发展的必然结果。随着手机、平板等移动终端设备的不断普及与应用，移动互联网已经成为当今社会发展速度最快、市场潜力最大的一项科技产物，为国民经济社会创造了巨大的财富价值。

移动互联网的广泛应用，正改变着信息时代人们的生活、工作方式，尤其是以 5G 为代表的通信技术的逐步应用，将进一步推动社会的发展。结合技术发展的历程，整个移动互联网在中国的发展历程可以归纳为五个阶段：萌芽阶段、培育成长阶段、高速发展阶段、全面发展阶段和5G应用阶段①。

1. 萌芽阶段（2000—2007年）。萌芽阶段的移动应用终端主要是基于WAP（无线应用协议）的应用模式。在这个阶段，受制于移动终端和2G网速的限制，中国的移动互联网发展处在一个简单WAP应用期。其主要应用场景是基于WAP应用，将互联网上的HTML信息转换为WML，在移动终端中予以呈现。此阶段主要是基于支持WAP协议的终端来访问企业门户作为当时移动互联的主要形式。

2. 培育成长阶段（2008—2011年）。2009年1月7日，工业和信息化部发放了3张第三代移动通信（3G）牌照，分别是中国移动的TD-SCDMA牌照、中国电信的CDMA200牌照和中国联通的WCDMA牌照，标志着中国正式进入3G时代，3G移动网络建设掀开了中国移动互联网发展新篇章。随着3G移动网络的部署和智能手机的应用普及，移动网速得以大幅提升，移动智能终端丰富的应用软件使移动上网的娱乐性得到大幅提升。同时，我国在3G移动通信协议中制定的TD-SCDMA协议得到了国际的认可和应用。

3. 高速发展阶段（2012—2013年）。手机操作系统生态圈的全面发展，以及智能手机的规模化应用，开始促进了移动互联网的高速发展。其典型的特征是具有触摸功能的智能手机的大规模普及应用，解决了传统手机上网过程中的诸多不便，尤其是以安卓智能手机操作系统和苹果操作系统的普遍应用以及大量应用程序商店的出现，极大地丰富了手机上网功能。

4. 全面发展阶段（2014—2019年）。移动互联网的发展离不开移动通信网络的技术支撑，2014年以后，中国4G网络正式大规模铺开，4G网络建设开始将移动互联网发展推上快车道。随着4G通信网络的广泛部署与应用，移动互联网的网速得到了显著提升，制约网速的瓶颈得到基本破除，移动应用场景得到极大丰富。

5. 5G应用阶段（2019年至今）。5G（第五代移动通信技术的简称）是最新一代蜂窝移动通信技术。5G的性能目标是高数据速率、减少延迟、降低丢包率、节省能源、降低成本、提高系统容量和大规模设备连接。5G正步入新一轮的信息革命阶段，彻底打破地域上的界限，实现了信息的实时远距离交互，使全球信息交互更加紧密。

在2019年中国国际信息通信展览会上，工信部与中国移动、中国联通和中国电信三大电信运营商举行5G商用启动仪式，于2019年11月1日正式上线5G商用套餐，这标志着中国正式进入5G商用时代。根据CNNIC第46次《中国互联网络发展状况统计报告》，截至2020年6月底，5G终端连接数已超过6600万，中国移动、中国电信和中国联通三家

---

① 王江汉. 移动互联网概论［M］. 成都：电子科技大学出版社，2018：1-20。

基础电信企业已开通基站超过 40 万个。

1. 移动互联网概念。

移动互联网（简称移动互联）是指运用互联网的技术、平台、商业模式和应用与移动通信技术结合并实践的活动总称。它是移动通信和互联网的有机结合，是传统互联网发展的必然产物，通过移动互联网，可以使用手机、平板电脑等移动终端设备浏览新闻，还可以使用各种移动互联网应用，如在线搜索、在线聊天、移动网游、手机电视、在线阅读、网络社区、收听及下载音乐等。其中，移动环境下的网页浏览、文件上传与下载、图片与流媒体分享、精确位置服务、在线游戏等是移动互联的主流应用。

2. 移动互联网特点。

（1）交互性。用户可以随身携带和随时使用移动终端，在移动状态下接入和使用移动互联网应用服务。从智能手机到平板电脑，随处可见这些终端发挥强大的功能。当人们需要沟通交流的时候，随时随地可以用语音、图文或者视频解决，大大提高了用户与移动互联网的交互性。

（2）便携性。与传统 PC 电脑相比，移动终端具有小巧轻便、可随身携带两个显著特点，这个特点决定了使用移动终端设备上网时，在沟通与资讯获取方面的便利性远高于传统的 PC 设备。用户能够随时随地获取娱乐、生活、商务相关的信息，进行支付、查找周边位置等操作，使移动应用进入人们的日常生活，满足衣食住行、吃喝玩乐等需求。

（3）隐私性。传统的互联网用户在使用过程中，由于用户需要共享设备上的信息，信息会很容易地被搜集。而移动互联网用户不需要考虑技术上实现的方法，信息保护程度较高。高隐私性决定了移动互联网终端进行数据共享时，既能够有效地保障认证客户，又能够保证信息的安全性。

（4）定位性。移动互联网的典型应用是基于位置服务（Location Based Services, LBS）。目前移动互联网常见的服务包括消息通知服务、用户实时监控；基于位置的电商应用；空间定位、位置信息、位置社交；生活导航及优惠集成服务等方面。

（5）强关联性。由于业务内容和形式受到网络带宽、电信营运商基站及终端处理能力的制约，需要匹配特定的终端类型和网络技术标准与规格，具有强关联性。网络带宽会直接影响到在线视频、视频通话等应用的扩展，因此，移动应用平台的发展与通信技术有着紧密联系，并拥有相应的移动互联网应用服务。

3. 移动互联网关键技术。

移动互联网技术总体上可以分为移动互联网终端技术、移动互联网通信技术和移动互联网应用技术①。

（1）移动互联网终端技术。移动互联网终端技术主要包括软件系统开发和硬件设备设计，以智能手机、平板电脑为代表的移动终端快速的应用与普及，用户对硬件设备的功能需求以及操作系统的要求不断提高。

（2）移动互联网通信技术。移动互联网通信技术包括通信标准与各种协议、移动通信网络技术和中段距离无线通信技术。2010年以后，全球移动通信发生了巨大的变化，移动通信特别是蜂窝网络技术的迅速发展，使用户彻底摆脱终端设备的束缚，实现完整的个人移动性、可靠的传输手段和接续方式。

（3）移动互联网应用技术。移动互联网应用技术主要包括服务器端技术、浏览器技术和移动互联网安全技术。目前，全球已基本形成以安卓、苹果为代表的手机操作系统，应用技术要求支持不同系统、不同平台。

三、物联网

物联网中的核心是"物"+"网"。"物"指万物，包括所有的物体，如手机、电脑、平板、飞机、汽车等，"网"指以因特网、移动互联网为代表的网络。物联网最终目标是实现万物的互联。物联网既强调使用传感器进行物体感知的概念，同时它也具备网络线路传输、信息存储和处理、行业应用接口等功能。

1. 物联网概念。

物联网（The Internet of Things，IOT）。早在1995年，比尔盖茨就有了"物联网"概念的设想，但受制于当时的技术，并未引起广泛的影响。1998年，美国麻省理工学院提出了称作EPC系统的"物联网"概念构想。1999年，麻省理工学院教授凯文·艾什顿（被称为"物联网之父"）首先提出物联网的概念，即物联网是通过无线网络接收数据，借助射频识别（RFID）等通信技术为每个产品建立电子标识并与互联网连接，实现对产品的智能区别和管理。

2005年11月，在信息社会世界峰会上，国际电信联盟（ITU）发布了《ITU互联网报告2005：物联网》报告，在报告中首次明确了"物联网"的内涵：随着射频识别技术（RFID）、全球定位系统（GPS）、无线传感器网络技术（WSN）等技术的发展，依托互联网实现万物之间的连接。同时，国际电信联盟进一步描述了物联网的外延：当物联网技术应用到产品中，人们可以不受空间与时间的限制，与产品进行沟通。在这个阶段，以互联

---

① 摘录自百度百科"移动互联网"词条。

网为基础，物联网的概念扩展至人与物、物与物之间的信息沟通。

随着物联网产业应用场景的不断丰富，2008年欧洲智能系统集成技术平台（EPOSS）更新了对物联网的定义，指出物联网是以具有产品标识和虚拟个性为特征的物体和对象组成的网络，用于用户及社会环境与产品进行信息交流。在这个阶段，物联网的应用价值首次明确为智能服务。

2. 物联网特点。

物联网由网络连接的感应器自动地捕获信息，自动分析信息，自行作出决定。需要机器具备自主学习、自主决策的能力，整个过程不需人的干预。中国信息通信研究院发布的物联网白皮书（2018）报告中指出，随着内生动力的不断增强，物联网呈现出"边缘的智能化、连接的泛在化、服务的平台化和数据的延伸化"四大特征。

（1）边缘的智能化。随着技术的不断发展，不同类型终端设备协作能力不断加强，各类终端设备的智能化程度显著提高，操作系统等促进终端软硬件不断融合。尤其是边缘计算的兴起更是将智能服务下沉至边缘，为终端设备的协作提供了有效支撑，满足了行业物联网对业务实效性、连接敏捷性、数据优化等关键要素的需求。

（2）连接的泛在化。以第五代移动通信技术为代表的移动互联技术的应用，以及局域网、广域网等网络通信技术的不断应用，使物联网的基础设施建设不断得到完善，互通互联的效率显著提升，为物联网提供了泛在连接的能力。

（3）服务的平台化。物联网平台成为解决物联网碎片化，提升规模化的重要基础。随着以人工智能为代表的技术不断融合，平台的开放性得到了有效提升，基于平台的智能化服务水平持续提升。

（4）数据的延伸化。先联网后增值的发展模式进一步清晰，新技术赋能物联网，不断推进横向跨行业、跨环节"数据流动"和纵向平台、边缘"数据使能"创新，应用新模式、新业态不断显现。

3. 物联网关键技术。

（1）射频识别技术。射频识别技术（Radio Frequency Identification，RFID）是物联网中最关键的技术之一。RFID是一种非接触式的自动识别技术，它通过射频信号自动识别目标对象并获取相关数据。通常由阅读器、天线和电子标签三部分组成。标签主要由耦合元件及芯片组成，每个标签具有扩展词条的唯一电子编码，附着在具体的物体上，通过天线将射频信息传递给阅读器。RFID技术能够将物品转化为可读的数据，便于对物品进行分析与跟踪，实时掌握物品的准确位置及其周边环境。

（2）传感器技术。传感器技术是物联网和计算机应用中的关键技术。目前绝大部分计算机处理的都是数字信号，基于传感器技术可以将系列的模拟信号转换计算机能够识别的数字信号进行处理。

（3）嵌入式系统技术。嵌入式系统技术综合了计算机软硬件、传感器技术、集成电路技术和电子应用技术等于一体的系统技术，能够根据用户的需求灵活裁剪软硬件模块的专用计算机系统。

物联网已经成为全球信息科技发展的重要趋势之一，它的出现和兴起为全球科技和经济发展带来了难得的机遇。虽然真正意义上要实现万物互联还存在技术、管理、成本、政策、安全等方面的问题，但是万物互联符合时代发展的需要，是大势所趋，万物互联的应用会带来产业和生活等方方面面的改变。

案例 5-1

物联网应用案例

案例一：跟踪犀牛[①]

在南非，Symphony Link 被用来追踪大型保护区里的犀牛。保护区工作人员在犀牛角上钻一个洞，并插入了一个基于 GPS 的跟踪装置，该装置将位置信息无线发送到网关。这使保护区管理员可以随时知道所有犀牛的位置，如果一头犀牛靠近保护区边缘——偷猎可能性更大——他们可以派遣人员更密切地监控这头犀牛。

案例二：智能冰箱

传统概念中的冰箱就是存储蔬菜、水果、饮品的一个储存载体。而智能冰箱的出现，不仅可以实现传统冰箱储藏的功能，还可以实现冰箱内物品的信息跟踪。信息跟踪使用到的关键技术就是物联网，通过物联网与因特网、移动互联网的结合，用户可以实时了解冰箱内的食物数量、保鲜周期、保质期等数据信息。只需按一下手指，商家就会将商品送货上门，实现资金流、信息流、物流和商流四流的打通。另外，企业可以通过收集冰箱内的数据，统计用户购买行为、饮食习惯，运用大数据技术分析出不同类型家庭的消费行为和购物偏好，有助于企业实现精准化的营销。

四、大数据

大数据（Big Data）所带来的巨大经济、社会和科研价值正受到社会各界的广泛关注，已然成为 IT 行业中最时髦的词汇。2012 年 1 月，达沃斯经济论坛发布的大数据报告《大数据、大影响：国际发展的新机遇》将大数据列为和货币与黄金同等重要的新经济资产。

[①] 案例摘录于物联之家网，2019-01-21.

同年 5 月，联合国发布的《大数据促进发展：机遇与挑战：全球脉搏》白皮书指出，大数据是联合国和各国政府的一个历史性机遇，利用大数据进行决策，是提升国家治理能力，实现治理能力现代化的必然要求，可以帮助政府更好地参与经济社会的运行与发展。

大数据不仅是一场技术变革，更是一场商业模式变革。巨大的数据量一方面需要大规模的数据处理应用能力，另一方面，运用大数据挖掘和分析会为企业带来巨大的商业价值。目前，诸多企业正在运用大数据技术变革自身的商业模式。

1. 大数据概念。大数据概念最初起源于美国，是由思科、威睿、甲骨文、IBM 等公司倡议发展起来的一个概念。自 2008 年《Nature》杂志专刊提出了大数据概念，大数据立即成为政府、学术界、实务界共同关注的焦点。

大数据概念的不断演变，以及 IT 技术的发展与数据的积累，大数据的浪潮正汹涌而至。大数据不仅在人们的工作、生活和学习中无处不在，深深地影响着人们的行为习惯，而且对国家治理、企业决策等也产生了深远的影响，已经成为云计算、物联网之后信息技术产业领域的又一次重大创新变革。

麦肯锡在其报告《Big data: The next frontier for innovation, competition and productivity》中给出的大数据定义是：大数据指大小超出常规的数据库工具获取、存储、管理和分析能力的数据集。但它同时强调，并不是说一定要超过特定 TB 值的数据集才能算是大数据。

大数据研究机构 Gartner 定义的大数据是：大数据是需要新处理模式才能具有更强的决策力、洞察发现力和流程优化能力来适应海量、高增长率和多样化的信息资产。

美国国家标准与技术研究院（National Institute of Standards and Technology，NIST）发布的研究报告中的定义，大数据是用来描述在我们网络的、数字的、遍布传感器的、信息驱动的、世界中呈现出的数据泛滥的常用词语。大量数据资源为解决以前不可能解决的问题带来了多种可能性。

维克托·迈尔—舍恩伯格和肯尼斯·库克耶在《大数据时代》一书中提出大数据是指不用随机分析法（抽样调查）这种捷径，而采用所有数据进行分析处理。

也有人提出大数据是指无法在具体时间范围内用常规软件工具进行捕捉、管理和处理的数据集合，是需要新处理模式才能具有更强的决策力、洞察发现力和流程优化能力的海量、高增长率和多样化的信息资产。

综合上述大数据概念的理解，"大数据"应是一个涵盖多种技术的概念，简单地说，是指无法在一定时间内用常规软件工具对其内容进行抓取、管理和处理的数据集合。

2. 大数据的特点。IBM 提出大数据 5V 特点。即数据量大（Volume）、种类和来源多样化（Variety）、数据价值（Value）、数据增长和处理速度快速化（Velocity）和数据的质量（Veracity）。

（1）Volume：数据量大，包括采集量、存储量和计算量。从 TB 级别跃升到 PB、EB、ZB 级别。

（2）Variety：数据的种类和来源多样化。数据的类型包括结构化、半结构化和非结构化数据，多类型的数据对数据的处理能力提出了更高的要求。

（3）Value：数据价值密度相对较低。随着互联网、物联网的普及以及广泛应用，数据是海量的，如何挖掘信息的数据价值，需要运用大数据的技术予以解决。

（4）Velocity：数据快速增长以及数据处理能力的加快，数据的时效性显得愈发重要。

（5）Veracity：数据的可靠性和可信赖度。

3. 大数据关键技术。大数据发展至今已经日益成熟，大数据技术的体系庞大且复杂。根据大数据的生命周期来分类，可以将大数据的技术概括为大数据采集、大数据预处理、大数据存储和大数据分析挖掘四个方面[①]。

（1）大数据采集。大数据采集是指将各类结构化和非结构化的海量数据写入数据仓库中，通过把不同类型的数据整合，进而对这些数据进行分析。数据常见的来源有各类数据库、网络数据（各类统计数据、报告等）和政府、行业机构的相关文件。

在数据采集过程中，ETL 技术发挥着巨大作用。ETL（Extract – Transform – Load，抽取—转换—加载），是将业务系统的数据经过抽取、清洗转换之后加载到数据仓库的过程。ETL 是数据集成的第一步，通过将企业中的分散、零乱、标准不统一的数据整合到一起，构建企业的数据仓库。网络数据采集是一种借助网络爬虫或网站公开 API（Application Programming Interface，应用程序接口），从网页中获取非结构化或半结构化数据，并将其统一结构化为本地数据的数据采集方式，目前，比较常见的文件采集包括实时文件采集和处理技术 Flume（日志收集系统）、基于 ELK 的日志采集和增量采集。

（2）大数据预处理。大数据预处理，指在进行数据分析之前，先对采集到的原始数据进行诸如"清洗、填补、平滑、合并、规格化、一致性检验"等一系列操作，旨在提高数据质量，为后期分析工作奠定基础。数据预处理主要包括四个部分：数据清理、数据集成、数据转换、数据规约。

①数据清理：利用 ETL 等清洗工具，对有遗漏数据（缺少感兴趣的属性）、噪声数据（数据中存在着错误或偏离期望值的数据）、不一致数据进行处理。

②数据集成：将不同数据源中的数据，合并存放到统一数据库的存储方法，着重解决

---

① 根据今日头条，2019 – 07 – 11《想要读懂大数据，你不得不先掌握这些核心技术》内容整理。

三个问题：模式匹配、数据冗余、数据值冲突检测与处理。

③数据转换：对所抽取出来的数据中存在的不一致，进行处理的过程。它同时包含了数据清洗的工作，即根据业务规则对异常数据进行清洗，以保证后续分析结果准确性。

④数据规约：在最大限度保持数据原貌的基础上，最大限度精简数据量，以得到较小数据集的操作，包括：数据方聚集、维规约、数据压缩、数值规约、概念分层等。

（3）大数据存储。大数据存储是指利用存储器（一般以数据库的形式）存储采集到的数据的过程，通常包含以下三种典型路线：

①基于 MPP 架构（Massively Parallel Processing，大规模并行处理）的新型数据库集群采用 Shared Nothing 架构，结合 MPP 架构的高效分布式计算模式，通过列存储、粗粒度索引等多项大数据处理技术，重点面向行业大数据所展开的数据存储方式。

②基于 Hadoop 的技术扩展和封装，针对传统关系型数据库难以处理的数据和场景（针对非结构化数据的存储和计算等），利用 Hadoop 开源优势及相关特性（善于处理非结构、半结构化数据、复杂的 ETL 流程、复杂的数据挖掘和计算模型等），衍生出相关大数据技术的过程（见图 5-3）。

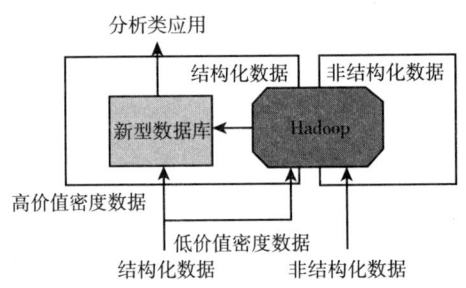

图 5-3 基于 Hadoop 的技术扩展和封装

③大数据一体机是一种专为大数据分析处理而设计的软、硬件结合的产品。由一组集成的服务器、存储设备、操作系统、数据库管理系统以及为数据查询、处理、分析而预安装和优化的软件组成，具有良好的稳定性和纵向扩展性。

（4）大数据分析挖掘。大数据分析挖掘从可视化分析、数据挖掘算法、预测性分析、语义引擎、数据质量管理等方面，对杂乱无章的数据，进行萃取、提炼和分析的过程。

①可视化分析。借助图形化手段，清晰并有效传达与沟通信息的分析手段。主要应用于海量数据关联分析，即借助可视化数据分析平台，对分散异构数据进行关联分析，并作出完整分析图表的过程。具有简单明了、清晰直观、易于接受的特点。

②数据挖掘算法。通过创建数据挖掘模型，对数据进行试探和计算的数据分析手段，

它是大数据分析的理论核心。数据挖掘算法多种多样,基于不同的数据类型和格式,会呈现出不同的数据特点。但一般来讲,创建模型的过程却是相似的,即首先分析用户提供的数据,然后针对特定类型的模式和趋势进行查找,用分析结果定义创建挖掘模型的最佳参数,并将这些参数应用于整个数据集,以提取可行模式和详细统计信息。

③预测性分析。是大数据分析最重要的应用领域之一,通过结合多种高级分析功能(特别统计分析、预测建模、数据挖掘、文本分析、实体分析、优化、实时评分、机器学习等),达到预测不确定事件的目的。帮助用户分析结构化和非结构化数据中的趋势、模式和关系,并运用这些指标来预测将来事件,为采取措施提供依据。

④语义引擎。通过为已有数据添加语义的操作,提高用户互联网搜索体验。

⑤数据质量管理。对数据全生命周期的每个阶段(计划、获取、存储、共享、维护、应用、消亡等)中可能引发的各类数据质量问题,进行识别、度量、监控、预警等操作,以提高数据质量的一系列管理活动。

案例 5-2

大数据经典案例

案例一:啤酒与尿布

啤酒与尿布的案例是大数据应用的经典案例。根据沃尔玛对客户群体研究的结果表明,每周五下午5点到7点之间,年龄在30—40岁的男性用户在超市购物的过程中,购买尿布的男性顾客群体最有可能会顺带购买啤酒。这项研究结果促使沃尔玛将啤酒与尿布这两个原本并不相关的商品,通过物理货架搭配到了一起,显著地带来了店铺销售额的增长。虽然有人认为这个案例并没有真实发生在沃尔玛,但是通过这个案例,大数据运用的模式开始在商业领域得到了广泛认可。

案例二:英军从伊拉克撤军

《卫报》《泰晤士报》与《每日电讯报》被合称为英国三大报。2010年10月23日,针对伊拉克战争中的伤亡情况,《卫报》采用维基解密的数据,发布了一篇《维基百科伊拉克战争日志:每一次死亡地图》,报道发布后在全球引起了轩然大波。因为新闻内容通过地图展现了伊拉克战场上所有的伤亡事件,地图上的每个红点代表着伤亡事件发生的地点,并在红点上详细地呈现伤亡事件发生的时间、地点和人物等信息。

2011年3月,驻伊拉克的英军开始撤军,大数据应用的影响,推动英国在伊的6年军事行动走向尾声。

五、智能化

（一）人工智能（AI）

1950年，马文·明斯基（被称为"人工智能之父"）等建造了世界上第一台神经网络计算机，被看作是人工智能的一个起点。同年，艾伦·图灵（被称为"计算机之父"）提出来一个举世瞩目的想法——图灵测试。按照设想，如果机器在与人类开展对话的过程中，不能被人识别出机器的身份，那么这台机器就具有智能。1955年8月31日，美国计算机科学家约翰·麦卡锡、马文·明斯基、克劳德·香农等提出了"人工智能"这个名词。1956年8月，在美国汉诺斯小镇达特茅斯学院召开的达特茅斯会议，标志着人工智能的诞生。会议讨论的主题是"用机器来模仿人类学习以及其他方面的智能"。这次会议人工智能的名称和任务得以确定，同时出现最初的成就和最早的一批研究者。由此开始，人工智能领域正式诞生。

2017年7月，国务院发布了《新一代人工智能发展规划》。提出三个阶段的发展规划，旨在将我国建成世界主要的人工智能创新中心。同年10月，人工智能作为科技领域最具代表性的技术，被写进党的十九大报告中。2018年10月31日，中共中央政治局第九次集体学习时，习近平总书记强调人工智能是新一轮科技革命和产业变革的重要驱动力量，要深刻认识加快发展新一代人工智能的重大意义。

1. 人工智能概念。人工智能（Artificial Intelligence，AI），是一门边缘学科，属于自然科学、社会科学、技术科学三门交叉学科。被认为是21世纪世界三大尖端技术之一（基因工程、纳米科学、人工智能）。目前，人工智能在机器人、经济政治决策、控制系统、仿真系统中得到广泛应用，取得了丰硕的成果，人工智能已逐步成为一个独立的分支，无论在理论还是实践上都已自成体系。

人工智能的基本概念可以简单地理解为"人工"和"智能"两部分。美国斯坦福大学的尼尔逊教授认为："人工智能是关于知识的学科——怎样表示知识以及怎样获得知识并使用知识的科学。"麻省理工学院的温斯顿教授认为："人工智能就是研究如何使计算机去做过去只有人才能做的智能工作。"两位学者基本概括了人工智能学科的基本思想和内容。即人工智能是研究运用计算机的软硬件来模拟人类智能的技术、理论和方法，通过对人体智能活动的分析，构造出具有一定智能的人工系统去完成由人的智力胜任的工作。

作为一门新的技术科学，人工智能能够用于研究、开发、模拟和扩展人类智能的理论、方法、技术及应用系统。

2. 人工智能特点。人工智能的发展不是独立的,它与计算技术相辅相成。人工智能最大的优势在于通过对声音、图像或思维方式的信息收集与处理,构造出具有一定智能的人工系统去解决问题,同时依托计算机信息技术的处理速度,提升用户的体验感,并且在对网络的管理中也发挥着很大的作用。因此,人工智能具有以下 5 个特点。①

(1) 从人工知识表达到大数据驱动的知识学习技术。

(2) 从分类型处理的多媒体数据转向跨媒体的认知、学习、推理。

(3) 从追求智能机器到高水平的人机、脑机相互协同和融合。

(4) 从聚焦个体智能到基于互联网和大数据的群体智能,它可以把很多人的智能集聚融合起来变成群体智能。

(5) 从拟人化的机器人转向更加广阔的智能自主系统,如智能工厂、智能无人机系统等。

3. 人工智能关键技术。

(1) 自然语言处理(NLP)。自然语言处理(Natural Language Processing,NLP)技术,利用计算机分析自然语言语句和文本,抽取重要信息,进行检索、问答、自动翻译和文本生成。NLP 能够实现以自然语言交流为特征的高级人机交互,使机器能"阅读"所有以文字形式记录的人类知识,并提供各种高层智能服务的基础和关键技术。

NLP 技术的作用可应用于自动从海量的宏观、行业、微观资讯中发现、分析并整合与各类决策相关的信息,即首先通过信息检索技术获取相关文本,然后借助语义分析技术从非结构化文本中提取结构化的信息,最后将这些信息加以提炼,并且使之关联到未来可能的发展趋势,从而为预测和决策提供有价值的及时信息。

(2) 知识图谱。知识图谱(Knowledge Graph)的概念由谷歌在 2012 年正式提出,其本质是一张由知识点相互连接而成的语义网络的知识库,显示知识发展进程与结构关系的一系列图形化结构,用节点和边来存储、表征数据,其中图的节点代表实体或者概念,而图的边代表实体/概念之间的各种语义关系。知识图谱的本质是建立在图数据处理系统或传统的关系型数据库之上的知识抽取、知识表现、知识存储、知识检索的过程。

知识图谱能够真正发挥技术效力的地方在于对知识进行学习和开展推理的核心能力。以它为基础对各种数据进行分析计算时,能得到一种可以解释的人工智能结果,根据计算

---

① 摘自中华人民共和国科学技术部《新一代人工智能具有五大特点》,2017 年 07 月 24 日。

路径，可以回溯计算机的推导过程，并能与人类的经验知识相验证。从应用层面来看，知识图谱是用来描述真实世界中存在的实体，以及他们之间的关系。比起传统的关系型数据库，知识图谱更擅长建立复杂的关系网络，而且有更高的关联查询效率。

（二）机器流程自动化（RPA）

1. RPA 概念。RPA（Robotic process automation，机器人流程自动化），是以软件机器人及人工智能（AI）为基础的业务过程自动化科技。RPA 可以利用和融合现有各项技术如规则引擎、光学字符识别、语音识别、机器学习及人工智能等前沿技术来实现其流程自动化。

在传统的工作流程自动化技术工具中，会由程序员产生自动化任务的动作列表，并且会用内部的应用程序接口或是专用的脚本语言作为和后台系统之间的界面。RPA 会监视使用者在应用软件中图形用户界面（GUI）所进行的工作，并且直接在 GUI 上自动重复这些工作。RPA 工具在技术上类似图形用户界面测试工具。这些工具会自动与图形用户界面互动，由使用者示范其流程，再用示范性编程来实现。机器人流程自动化工具的不同点是这类系统会允许资料在不同应用程序之间交换。

RPA 可以被看作是一个轻量级的补充技术。RPA 主要用于在不侵入现有系统的基础上将流程的断点衔接起来。整个过程模拟人工操作，在财务领域又被称为"财务机器人"。RPA 的定位是企业在信息化集成之外的一种补充。在条件允许的情况下，企业可以优先考虑通过系统的集成建设来打通系统之间的流程和信息断点。但这并非否定 RPA 的价值，在特定场景下 RPA 仍然有其重要的意义。一方面，不少企业客观存在难以解决的系统或流程对接问题。另一方面，企业信息系统的建设要有一个过程，以 RPA 为核心的人工模拟能够发挥重要的价值。它可以解决大量零碎的、暂时性的、小的流程需求，从而快速释放出不必要的人力消耗。

2. RPA 特点。

（1）运营效率高。节约时间成本，有效地释放企业有限的人力资源，使专业人员能够专注于高附加值的业务活动。

（2）业务响应快。机器人能够快速响应业务需求，并且能够实现全天候 24 小时的工作模式。

（3）数据准确。业务数据的所有流程都会被记录、监控和跟踪，减少人为因素带来的数据缺失或数据造假问题，能够满足合规要求，有利于审计的准确性。

（4）成本降低。使用机器人可以显著降低企业的成本。

(三) 光学字符识别（OCR）

OCR（Optical Character Recognition，光学字符识别）是指运用扫描仪等电子设备，采用光学的方式，将纸张中的字符转换成黑白点阵的图像文件，并通过字符识别方法将形状转换成计算机文本，供文字处理软件进一步编辑加工的技术。OCR 的技术路线如图 5-4 所示。

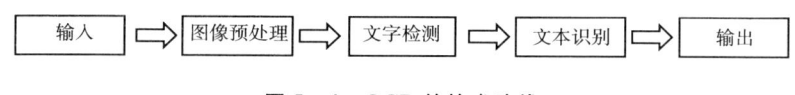

图 5-4　OCR 的技术路线

在 20 世纪 60 年代，世界各国纷纷开始 OCR 应用的研究，在研究初期，OCR 仅能够识别的内容为 0—9 数字，随后，OCR 技术被应用到了邮件中邮政编码的识别上。中国的 OCR 技术研究开始于 20 世纪 70 年代，刚开始的以数字、字母的识别研究为主，随后逐步发展到汉字识别的研究。尤其是 1986 年我国提出了"863"高新科技研究计划，汉字识别的研究进入一个实质性的阶段。

早期的 OCR 软件由于识别率低、成本高等因素，使用的领域较为狭窄，主要以新闻出版单位、信息部门等专业性较强的机构应用为主。随着信息技术的不断成熟，终端设备（扫描仪、智能手机等）的广泛应用，以及信息自动化和办公自动化的发展，OCR 技术得到了快速的发展，满足了广大用户的需求。

六、云计算

1959 年 6 月，牛津大学的计算机教授克里斯·托弗在《大型高速计算机中的时间共享》学术报告中首次提出了"虚拟化"的基本概念。虚拟化是云计算基础架构的核心，也是云计算发展的基础。随着网络技术的发展，逐渐孕育了云计算。2004 年，Web2.0 会议的举行，云计算开始成为当时的热点，计算机网络发展开始步入新的阶段。2006 年 8 月 9 日，Google 首席执行官埃里克·施密特首次提出了"云计算"的概念。

1. 云计算概念。云计算（Cloud Computing），是一种基于互联网的分布式计算方式。通过分布式的计算方式，将共享的软硬件资源和信息，根据实际需要将资源和信息分配给计算机和其他设备。由于云计算是通过分布式计算来解决任务的分发与合并。因此，云计算又称为网格计算。

云计算是一种全新的网络应用概念而不是对网络技术革新，核心概念强调以互联网为中心的云计算服务与数据存储，能够让每一位使用互联网的用户快速、安全地使用网络上庞大的中心数据和计算资源。

2. 云计算特点。云计算具有虚拟化、动态可扩展、按需部署、灵活性高、可靠性高、性价比高和可扩展性等特点[1]。

（1）虚拟化。虚拟化是云计算最显著的特点。物理平台与应用部署的环境在实体上是没有任何直接关联的，云计算的出现突破了时间、空间的局限，通过虚拟平台对相应终端操作完成数据备份、迁移和扩展等。

（2）动态可扩展。通过在原有服务器基础上增加云计算的功能，可以显著地提高服务器的计算速度，最终实现动态扩展虚拟化的层次，达到对应用进行扩展的目的。

（3）按需部署。云计算平台能够根据用户的需求，精确、迅速配置所需的计算能力与计算资源。由于不同计算机应用需要的数据资源库不同，因此需要较强的计算能力，能够结合用户的需求进行资源部署。

（4）灵活性高。绝大多数的IT资源、软硬件都支持虚拟化。云计算的兼容性非常强，目前，云系统资源实现了在虚拟池中统一来管理这些虚拟化的要素。

（5）可靠性高。单点的服务器出现故障，可以通过虚拟化将分布在不同实体服务器上面的应用进行恢复，不会因为个别故障带来服务器的非正常使用。同时，利用动态扩展功能部署新的服务器进行计算，满足服务器计算的要求。

（6）性价比高。云计算的广泛应用，大大降低了用户购买或者租赁主机产生的昂贵费用，通过将资源放在虚拟资源池中进行统一管理，既实现了资源的有效优化，同时又减少了费用支出，而计算的性能并没有显著降低。

（7）可扩展性。用户可以利用应用软件的快速部署条件，更为简单、快捷地将自身所需的已有业务以及新业务进行定向扩展。

3. 云计算分类。

（1）根据服务方式的不同，可以将云计算分为公有云、私有云和混合云三种类型。

①公有云。公有云（Public Clouds）是指由第三方提供的云，一般由云计算厂商构建、运营、面向公众、企业提供公共服务。公有云通过因特网使用，成本低廉，与私有云相比，安全性偏低。公有云作为一个共享平台，能够整合上游企业与最终用户，打造新的价值链和生态系统。

②私有云。私有云（Private Clouds）一般由企业自身构建，为企业内部提供云服务。其最大的特点是高安全、高成本。因而提供对数据、安全性和服务质量的最有效控制。企

---

[1] 林琳. 浅析云计算 [J]. 计算机与网络，2019，45（21）：38.

业拥有基础设施，并可以控制在此基础设施上部署应用程序的方式。

③混合云。混合云（Hybrid Clouds）是公有云和私有云两种服务方式的结合，其最大的特点是易迁移。由于安全和控制原因，并非所有的企业信息都能放置在公有云上。弹性需求与灾难恢复是混合云的常见形态。日常采用私有云，当处理需求高峰来临，采用公有云。同时私有云把公有云作为灾难转移的平台。

（2）根据服务类型的不同，可以将云计算分为基础设施即服务（IaaS）、平台即服务（PaaS）和软件即服务（SaaS）。从技术视角来看，首先，SaaS可以部署于PaaS上，也可以直接部署于IaaS之上，其次PaaS可以构建于IaaS之上，也可以直接构建在物理资源之上。三者之间的关系如图5-5所示。

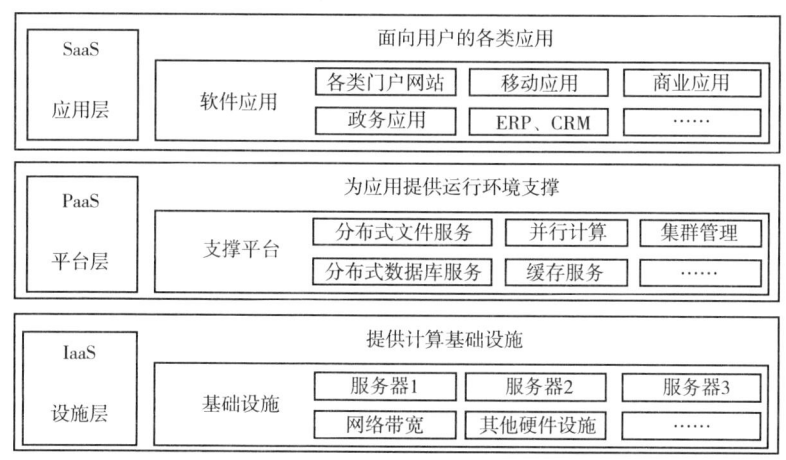

图5-5 IaaS、PaaS与SaaS关系

①基础设施即服务。基础设施即服务（Infrastructure as a Service，IaaS）是指把计算基础设施（如服务器和网络技术等）作为一种服务提供的商业模式。在这种服务模式下，企业、用户不需要构建自己的数据中心，而是采取租用的方式来使用基础设施服务。

②平台即服务。平台即服务（Platform as a Service，PaaS）是指把各类支撑平台作为一种服务提供的商业模式。PaaS供应商提供超过基础设施的服务（如分布式文件服务、并行计算、集群管理），把软件开发和运行环境的整套解决方案提供给用户。

③软件即服务。软件即服务（Software as a Service，SaaS）是指通过因特网、移动互联网提供按需付费的应用程序，SaaS供应商提供基于云基础架构上运行的云服务提供商的应用程序，通过托管和管理软件应用程序，允许用户使用网络媒介通过各类终端设备访问应用程序。

七、区块链

2008 年，中本聪提出了去中心化加密货币——比特币（Bit coin）的设计构想，阐述了基于 P2P 网络技术、加密技术、时间戳技术、区块链技术等电子现金系统的构架理念。2009 年，比特币系统开始在全球范围内运行，标志着比特币的正式诞生，比特币逐渐进入大众视野。随着世界主流经济的不确定性增强，各国陆续对比特币给予了公开表态，比特币的受关注程度激增，需求量迅速扩大。

我国工信部在 2016 年发布《中国区块链技术和应用发展白皮书（2016）》，将区块链定义为 1.0→2.0→3.0 三个阶段。

（1）区块链 1.0 阶段。以比特币为代表的数字货币时代，包括虚拟货币的支付、流通等功能。其核心的内容是数字货币交易支付的去中心化，从而实现货币的去中心化流通与支付。

（2）区块链 2.0 阶段。通过智能合约、智能资产以及与数字货币的结合，将区块链技术应用于更加广泛的金融领域。通过区块链实现点对点的操作，避免了第三方的介入，通过区块链去中心化账本功能，用来注册、确认、转移不同类型资产与合约，提高了工作效率。

（3）区块链 3.0 阶段。区块链应用范围将超过金融领域，延伸到人们日常生产、生活的方方面面，能够满足更加复杂的商业逻辑。

1. 区块链基本概念。从科技层面来看，区块链涉及数学、密码学、互联网和计算机编程等很多科学技术问题。从应用视角来看，区块链是一个分布式的共享账本和数据库，具有去中心化、不可篡改、全程留痕、可以追溯、集体维护、公开透明等特点。这些特点保证了区块链的"诚实"与"透明"，为区块链创造信任奠定基础。而区块链丰富的应用场景，基本上都基于区块链能够解决信息不对称问题，实现多个主体之间的协作信任与一致行动。区块链是分布式数据存储、点对点传输、共识机制、加密算法等计算机技术的新型应用模式。区块链是比特币的一个重要概念，它本质上是一个去中心化的数据库，同时作为比特币的底层技术，是一串使用密码学方法相关联产生的数据块，每一个数据块中包含了一批次比特币网络交易的信息，用于验证其信息的有效性（防伪）和生成下一个区块①。

区块链概念的提出，国内外学者开始注重区块链技术的应用与研究，呈现出不同程

---

① 摘自百度百科"区块链"词条的解释。

度、不同类型的跨越式发展,并且形成了基本的共识:区块链技术引发了全球范围内的技术变革和产业革命。随着区块链技术研究的不断深入,区块链的应用范围也逐渐扩大。经过10余年的发展,区块链技术的发展已经实现了质的飞跃。

2. 区块链特点。区块链是一个信息技术领域的术语。由于其具有去中心化、开放性、自治性、信息不可篡改和匿名性的特点,奠定了坚实的"信任"基础,创造了可靠的"合作"机制。

(1)去中心化。区块链的本质特征是去中心化。由于区块链没有中心管制,不会对第三方管理机构或硬件设施产生依赖。区块链通过自身的分布式核算和存储,实现各个节点间信息的自我验证,信息的传递和管理。

(2)开放性。区块链系统的信息高度透明。除了交易各方的私有信息会被加密外,区块链技术是全部开源的,数据对所有人开放,任何组织或者个人都可以通过公开的接口查询数据和应用的开发。

(3)自治性。区块链的自治性特征建立在规范和协议的基础上。区块链采用基于协商一致的规范和协议,使系统中的所有节点都能在去信任的环境中自由安全地交换数据,把对"人"的信任改成对机器的信任,任何人为的干预都无法发挥作用。

(4)信息不可篡改。信息一旦经过验证并添加到区块链中,就会被永久地存储在区块链中,如果想要篡改区块中的信息,需要同时控制超过51%的节点,对单个节点上的数据库修改是无效的。因此,区块链数据的稳定性和可靠性都非常高。区块链技术从根本上改变了中心化的信用创建方式,通过数学原理而非中心化信用机构来低成本地建立信用。

(5)匿名性。节点之间的交换遵循固定的算法,数据无需交互各方间的信任,交易对手不用通过公开身份的方式使对方对自己产生信任,有利于信用的累计。

3. 区块链分类。

(1)公有区块链(Public Block Chains)。全球任何组织或个人均能够在公有区块链中交易,参与共识过程。公有区块链是出现最早的区块链,目前的应用也最为广泛。如以比特币为代表的数字货币均是基于公有区块链。

(2)联合(行业)区块链(Consortium Block Chains)。相对于公有区块链,行业区块链是由某个组织或群体内部指定的多个预选节点作为记账人,区块由这些预选节点构成,其他接入节点可以参与交易,但不过问记账过程,其他任何人可以通过该区块链开放的API进行限定查询。

(3)私有区块链(Private Block Chains)。私有区块链可以是某个组织或企业,也可以是个人,他们利用区块链技术进行总账系统的记账,独自享有区块链的写入权限。

4. 区块链关键技术。一般来说，分布式账本、非对称加密、共识机制、灵活可编程的智能合约是区块链最具代表性的关键技术①。

（1）分布式账本。分布式账本指交易记账由分布在不同地方的多个节点共同完成，而且每一个节点记录的是完整的账目，因此它们都可以参与监督交易合法性，同时也可以共同为其作证。

（2）非对称加密。存储在区块链上的交易信息是公开的，但是账户身份信息是高度加密的，只有在数据拥有者授权的情况下才能访问到，从而保证了数据的安全和个人的隐私。

（3）共识机制。共识机制就是所有记账节点之间怎么达成共识，去认定一个记录的有效性，这既是认定的手段，也是防止篡改的手段。区块链的共识机制具备"少数服从多数"以及"人人平等"的特点，其中"少数服从多数"并不完全指节点个数，也可以是计算能力、股权数或者其他的计算机可以比较的特征量。"人人平等"是当节点满足条件时，所有节点都有权优先提出共识结果、直接被其他节点认同后并最后有可能成为最终共识结果。

（4）智能合约。智能合约是基于这些可信的不可篡改的数据，可以自动化地执行一些预先定义好的规则和条款。基于区块链的智能合约包括事务处理和保存的机制，以及一个完备的状态机，用于接受和处理各种智能合约；并且事务的保存和状态处理都在区块链上完成。

理论拓展：数字货币

1. 数字货币的基本概念。数字货币（Digital Currency）还没有一个统一的定义。在实践中，数字货币的概念非常宽泛。英格兰银行（BOE）认为，数字货币是仅以电子形式存在的支付手段。与传统货币类似，数字货币可以用于购买实物商品和服务。

最早的数字货币理论由大卫·乔姆于1982年提出，这种名为 E‐Cash 的电子货币系统基于传统的"银行—个人—商家"三方模式，具备匿名性、不可追踪性。2008年，中本聪提出的比特币概念，可以让交易双方在不需要中心化机构（例如：中央银行）的监督下完成交易。显然，数字货币以数学理论为基础，运用密码学原理来实现货币的特性。其用到的主要加密算法有对称性密码算法、非对称性密码算法及单向散列函数（哈希函数）等，常用的技术有数字签名、零知识证明和盲签名技术等。对比 E‐Cash 和比特币，可以发现数字货币理论在支付模式和技术发展上均出现了很大的变化。

根据发行者的不同，数字货币可以分为央行发行的数字货币和私人发行的数字货币。

---

① 摘自百度百科"区块链"词条的解释。

央行发行的数字货币是指由国家中央银行发行的,以代表具体金额的加密数字串为表现形式的法定货币。它本身不是物理实体,也不以物理实体为载体,而是用于网络投资、交易和储存、代表一定量价值的数字化信息。私人发行的数字货币,亦称虚拟货币(virtual currency),是由开发者发行和控制、不受政府监管、在一个虚拟社区的成员间流通的数字货币,如比特币(Bitcoin)等。数字货币(digital currency)更强调价值以数字形式表现,虚拟货币更强调价值以虚拟形式存在,而非以实物形式存在。当它们的发行和交易确认使用到密码学时,则被称作加密货币。

2. 数字货币的特点。

(1) 交易成本低。数字货币没有实体货币的制作、存储成本,同时,与传统的结算方式相比,数字货币交易不需要向第三方支付相关的交易费用。

(2) 交易速度快。基于区块链的运行原理,由于数字货币没有中心化的机构组织,因此,不需要向中心化组织来提交数据再进行处理,使得交易各方的处理速度更加快捷高效。

(3) 高度匿名性。数字货币与实物货币一样,可以实现无第三方参与的点对点交易支付,能够有效地保护交易者的隐私,使得交易双方可以在完全陌生的情况下完成交易而无需彼此信任,具有更高的匿名性。

第二节

现代信息技术业财融合模式

业财融合为当前市场环境下的企业管理提出了改革的新思路和新要求。业财融合的发展源于信息技术的发展,因特网、移动互联网和物联网为业务、财务的一体化融合提供基础的技术支撑,而大数据、智能化、云计算、区块链技术的应用,进一步推动了业财的深度融合。

"大智移云物区"技术的发展,正逐步改变着企业的管理理念与思维方式。提升企业管理水平、实现财务转型,既是企业转型的关键环节,也是企业核心竞争力之所在[①]。在业务、财务一体化过程中,企业应依托现代信息技术贯穿企业运营的全过程(见图5-6),提升现代管理水平,保持企业活力,才能更好地提升企业的经营效率,进一步稳固自身的核心竞争力,为企业的经营管理决策和良性发展提供有效支撑。

---

① 田高良,陈虎,孙彦丛,刘扬."大智移云物"背景下的财务转型研究[J].财会月刊,2019(20):3—7.

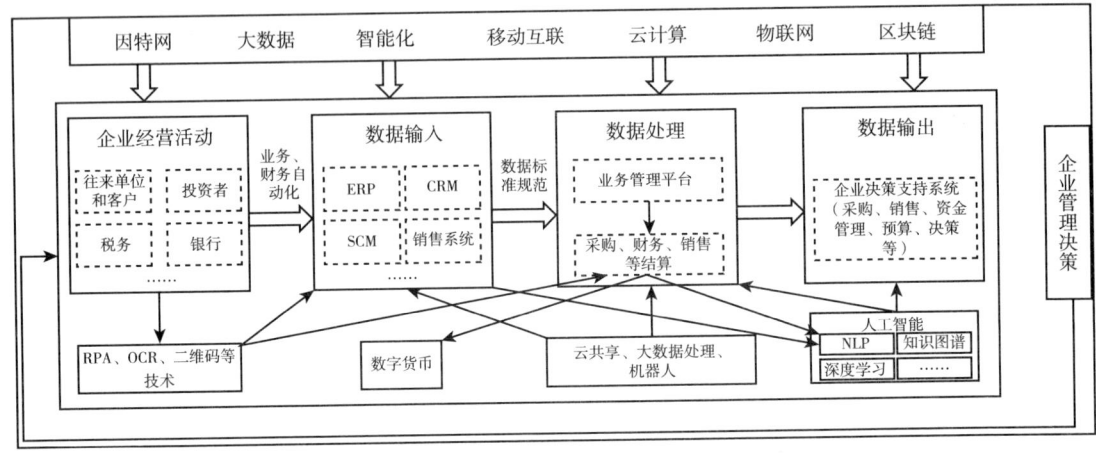

图 5-6 现代信息技术在业财融合中应用

现代信息技术在业财融合中的应用主要体现在企业经营活动环节的业务、财务环节的自动化，业财管理平台和企业决策支持系统三个方面。

1. 业务、财务自动化。业务、财务部门作为业财融合中的核心部门，目前的自动化程度仍存在较大的提升空间。根据麦肯锡全球研究院对自动化的研究，42%的财务活动通过成熟的技术可实现全自动化，还有19%可实现近全自动化。因此，为提升企业经济效益，财务亟须将基于规则的、人工重复且耗时的事务性工作以自动化方式来完成，使财务人员有更多精力投入财务分析、预测等更有创造性的管理工作中，促进财务转型。

业务、财务自动化以 RPA、OCR、二维码、NLP、知识图谱等技术为基础予以实现。在该应用场景中，系统能够支持电子凭证和非电子凭证的智能化处理，实现财务凭证处理的前置化，即实现业务事件（而非财务人员）对财务处理流程的驱动。企业借助于更智能的财务软件（如 ERP 软件）和更灵活的信息展示工具实现账务处理的全过程自动化。在数据输出环节，系统把自动处理的结果，用更细的颗粒度来描述，并动态、频道化、个性化地展示出多维业财融合的报表信息，以满足企业管理决策需要。

2. 业财管理平台。业财管理平台以 RPA、OCR、云共享、大数据处理、物联网、机器人，以及自然语言理解、深度学习模型等技术为基础，是一种基于强人工智能技术的应用。该场景主要强调两方面的融合：人脑智能、人工智能以及环境之间的相互作用和融合；企业业务活动、财务活动和其他管理活动的深度融合。

3. 企业决策支持系统。企业决策支持系统主要由智能财务决策支持系统构成。基于深度学习、知识图谱、自然语言理解等技术，运用计量经济学、模糊数学、信息论、控制论、系统论等理论和工具，是一种面向财务预测、控制、分析与决策一体化的应用。

传统的财务审核模式需要大量人力基于纸质或者影像化单据进行审核，人工判断单据是否合规、完整，审核效率、质量及稳定性难以保障，基础重复的审核工作不但无法激发财务人员的积极性，更无法使财务人员完成向高附加值工作的转型。而财务领域恰好存在大量文本格式标准化程度高的票据，借助于高效稳健的 OCR 技术，获取票据结构化信息；并通过规则引擎的植入，实现单据的智能化审核，极大程度促进了财务的智能化。

一、大数据业财融合模式

互联网增强了企业业财融合的能力，有助于促进企业综合竞争能力的提升，实现企业的可持续发展。随着互联网技术不断发展，以及信息化系统的构建，企业已经掌握了庞大的数据信息库。同时，互联网中海量的数据信息都会对企业的经营决策带来影响。然而大部分信息的价值并未发挥有效的作用，因此，基于大数据的业财融合平台的构建显得尤为重要，海量的数据资产是构建业财融合框架的前提条件，将数据颗粒不断细化，进而提升管理会计增值服务水平。

数据是构建框架的最基础、最核心要素。企业只有拥有和掌握海量的数据才有可能通过信息的精细化管理构建模型，进而为企业发展提供更准确的信息支持（见图 5-7）。一方面，企业尤其是大中型企业通常已经建立起了相对完整的供应商、客户、人力资源以及税务、银行等群体信息。可以通过对客户群体的地理位置、性别、年龄、产品评价等方面展开细致深入的分析，为企业战略、营销战略、财务战略等战略以及相应策略的制定、调整提供有效依据。通过对供应商履约能力、资信评级等，适时调整供应商目录清单，优化供应商结构。另一方面，企业可以基于外部资源（国家的政策文件、法律条款、经济文化环境等）展开信息的收集，基于网络爬虫、分析研究报告以及基站建设等搜集各类信息，其中应重点关注客户需求信息的收集，进而提升企业决策的效率。企业通过各种渠道获取海量的数据，才能构建业财融合模型，进而指导企业进行财务决策、营销决策、采购决策和战略决策等[①]。

在大数据背景下，根据企业的战略和业务发展需求，将海量数据尤其是非结构化数据收集起来进行数据清洗、筛选、分析及可视化呈现，为管理决策提供多维度、高价值的数

---

① 王梦媛. 业财融合管理会计框架研究——基于"互联网+"背景［J］. 中国注册会计师，2020（01）：107-110.

业财融合概念结构

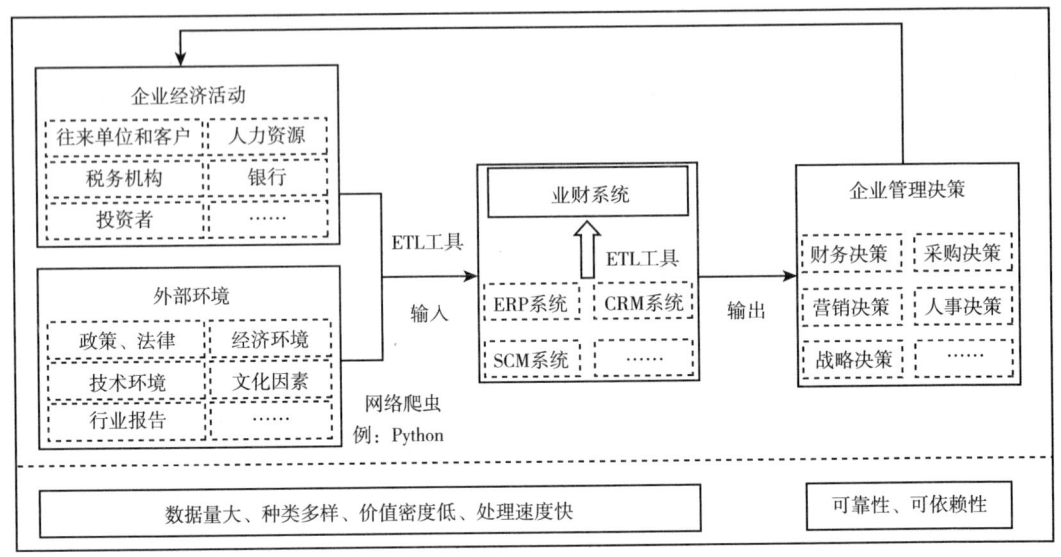

图 5-7 大数据在业财融合中的应用模式

据信息①。对业务数据和财务数据的融合提出了更高要求。一方面，业财融合不仅强调传统财务信息的精细化核算，同时也对销售、价格、物力以及人力数据的核算精度提出了更高要求。另一方面，由于业财融合信息包含的信息类型较为复杂，不同行业的信息要求存在较大的差异②。

二、智能化业财融合模式

（一）AI 在业财融合中的应用模式

AI 在企业经营活动中的效应已初步显现，在岗位需求中尤为显著。据不完全统计，岗位需求中行政、后勤、文秘的招聘需求下降 73%，财务、审计、税务的招聘需求下降 69%；采购、贸易下降 68%，人力资源下降 60%③。人工智能将给企业的工作带来许多变化，尽管 AI 目前只取代了一些高度重复的工作，未来企业会进一步倡导业财融合的量化管理，尤其是财务领域，发展趋势会更加倾向于智能化和集约化。

应用人工智能技术对业务知识的学习、理解，可以科学、合理地预测企业的实际运营

---

① 吴文静，鞠敏，施曾艳，等. 基于 RPA 的财务共享服务中心资金管理探索——以油田企业业财融合为背景 [J]. 会计之友，2021（02）：118-122.

② 冷继波，杨舒惠. "互联网+"背景下业财融合管理会计框架研究 [J]. 会计之友，2019（12）：19—23.

③ AI 会影响财务人的工作吗？[EB/OL]. 中华会计网校. 2020.4.28.

情况，进而实现智能分析，成为企业管理决策的智能工具，有助于实现企业的智能决策（见图 5-8）。

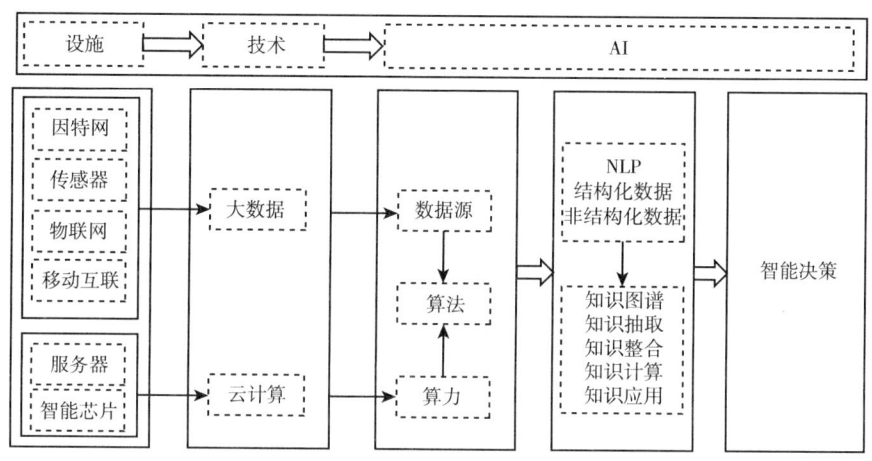

图 5-8 人工智能在业财融合中的应用模式

目前，在人工智能领域较为广泛应用的是自然语言处理（NLP）和知识图谱技术。

1. NLP 在业财融合中的应用模式。NLP 通过分析和利用互联网上结构化和非结构化的数据，可以很好地实现企业业务与财务数据的融合，使机器能够理解数据信息，最终实现人机之间的沟通、交互。

传统的分析技术在结构文本数据中效果较好，而对非结构文本的数据处理表现欠佳。通过运用 NLP 技术可以处理海量的非结构文本数据，提高处理多数据源的审查分析能力，替代人工开展繁杂的文本阅读和重要信息提取等工作，通过对相关材料的全量核查，借助强大的机器学习、深度学习算法通过模型训练，实现风险点的自动识别，使工作更高效、更智能、更标准化。

在深入挖掘、梳理相关政策、法规和文化支持的基础上，一方面，基于企业业务单元，实现企业采购业务、营销策略、风险管控的智能化。另一方面，将业务单元的各类数据收集、汇聚到企业的数据库系统中，进行数据的加工、分析以及数据增值等系列环节。NLP 技术的运用，可以显著地提升企业员工的体验，提高企业的运营效率，使企业能够理解数据的内涵，树立起对数据的洞察能力，最终为企业的经营决策提供支持。NLP 在业财中应用的技术路线如图 5-9 所示。

在财务管理工作中，运用 NLP 技术可以将服务的内容从应收、应付、总账、资产管理、费用报销、资金管理等一般事务性流程领域扩展到税务分析、公司治理、资金运作、预测与预算、内部审计和风险管理等高价值流程领域。

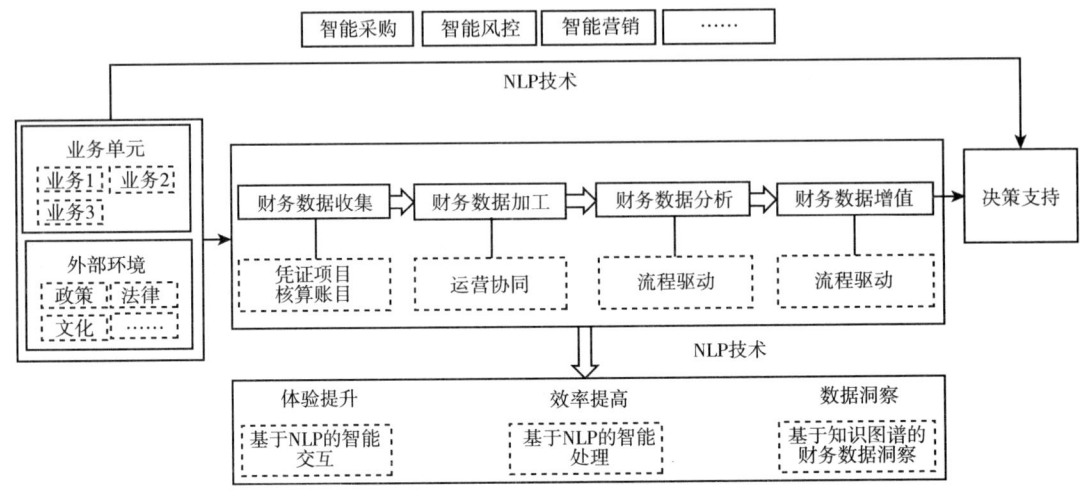

图 5 – 9　NLP 在业财中应用的技术路线

2. 知识图谱在业财融合中的应用模式。知识图谱在业财融合中的应用主要包括知识抽取、知识整合、知识计算和知识应用四个环节（见图 5 – 10）。

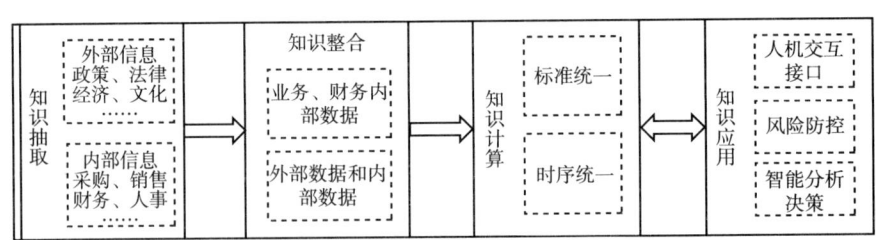

图 5 – 10　知识图谱在业财中应用的技术路线

（1）知识抽取。知识抽取需要突破广度和深度的瓶颈，尽可能做到全面、应有尽有，满足完整性原则。知识来源一方面是企业内部，如采购、销售、财务、人事等信息。另一方面，随着信息技术的不断深入应用，从外部获取的数据种类应不断丰富，数据量不断增长。

（2）知识整合。知识整合要注意准确性的原则。在实际操作过程中应注重两个维度的整合。一是企业业务、财务部门内部数据的整合；二是企业内外部数据的整合。

（3）知识计算。在知识计算环节，应注重内外部数据标准的统一，同时要注重部门间数据时序的统一。

（4）知识应用。利用知识图谱构建业财融合框架，可以不断完善和校验知识计算的准确性。两者相辅相成、互相验证和查漏补缺。同时能够实现高效、易用的人机交互接口，供各部门使用。最终能够实现企业风险控制，达到智能分析决策的效果。

(二) RPA 在业财融合中的应用模式

根据国际数据公司（IDC）发布的报告显示，到 2023 年，全球 RPA 市场规模将达到 39 亿美元，2018—2023 年复合增率达 36%。其中，中国的 RPA 市场具备较强增长动力，预计到 2023 年市场规模将达到 10.2 亿美元，2018—2023 年复合增率为 64%。RPA 应用的快速发展得益于两个方面：一是市场的迫切需求，企业希望通过技术应用来提升工作与管理效率，降低企业运营成本；二是与其他软件相比，RPA 具有开发周期短、设计简单的技术优势。

将 RPA 技术浸入企业的内部战略和运营过程，为管理会计提供针对战略目标实现的必要信息，使管理会计对企业战略更具敏感性，提升了服务企业战略的能力[①]。

2016 年 3 月 10 日，德勤会计师事务所率先宣布与 KiraSystems 联手推出财务机器人，2017 年年底，国际四大会计师事务所相继推出了"财务机器人"软件，与此同时，国内的 ERP 企业用友、金蝶等软件企业也相继发布了"云服务财务机器人"。将人工智能技术应用到会计、审计等工作中，是会计领域的一项突破，极大地提高了工作效率与质量。

财务机器人是 RPA 技术在财务领域的应用，本质上是一种处理重复性工作、模拟手工操作的程序，用以辅助财务人员完成交易量大、重复性高、易于标准化的基础业务，尤其是对于多个异构以及不允许开放接口和源代码的系统，从而优化财务流程，提高业务处理效率和质量，减少财务合规风险，使资源分配在更多的增值业务上，促进财务转型[②]。随着机器人在企业内部的广泛使用，在数据输入、数据处理和数据输出方面，机器人已经有了较为成熟、多样的技术能力（见图 5-11）。

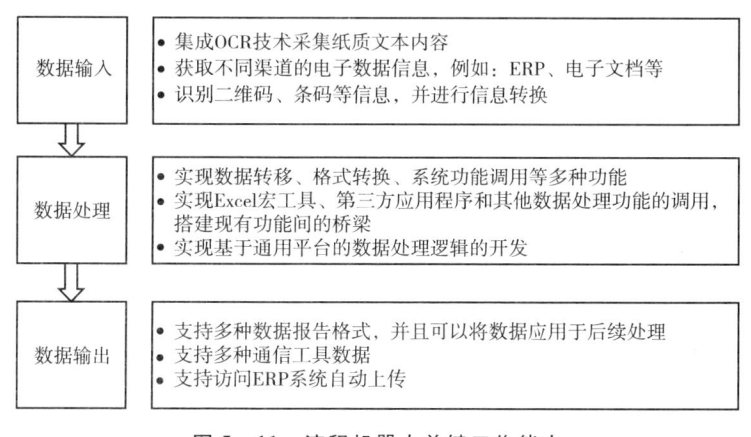

图 5-11 流程机器人关键工作能力

[①] 毛清. RPA 如何驱动企业管理会计转型升级——基于四家企业案例分析的证据 [J]. 管理会计研究，2020，3 (Z1)：83-92，134-135.

[②] 陈虎，孙彦丛，郭奕，赵旖旎. 财务机器人——RPA 的财务应用 [J]. 财务与会计，2019 (16)：57-62.

目前的财务流程自动化还不是严格意义上的人工智能，但通过"流程机器人＋人工智能"技术的不断应用与发展，势必会成为连接愈发成熟的人工智能技术的隐形之手，流程机器人与人工智能的结合会成为业财融合的发展趋势（见图5－12）。

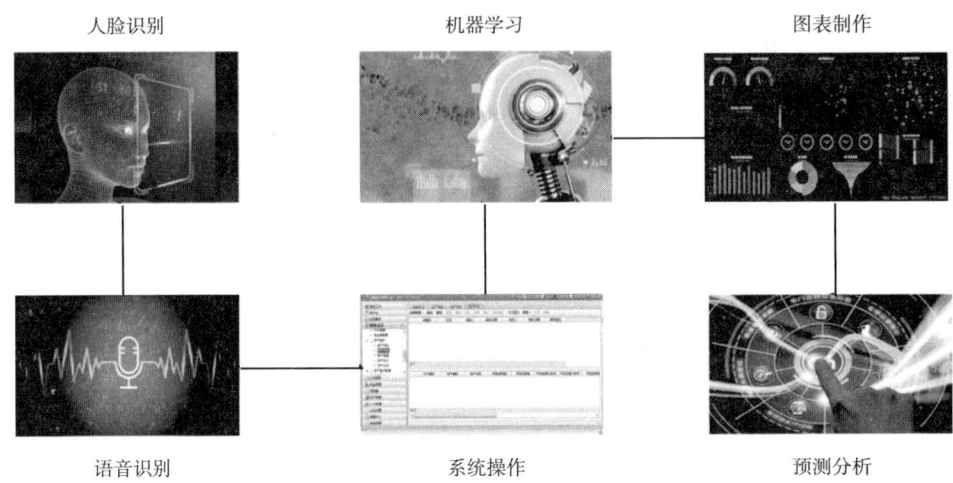

图5－12　流程机器人与人工智能结合

（三）OCR在业财融合中的应用模式

依托于光学字符识别（OCR），使用智能扫描仪，可以实现各种纸质的发票、银行票据等系统自动扫描识别票面内容，依托RPA技术按照设定的凭证模板自动生成凭证，取代原来手工录入凭证的方式，帮助财务人员提高事务性的录入工作效率，让传统财务会计的工作更加简单智能（见图5－13）。

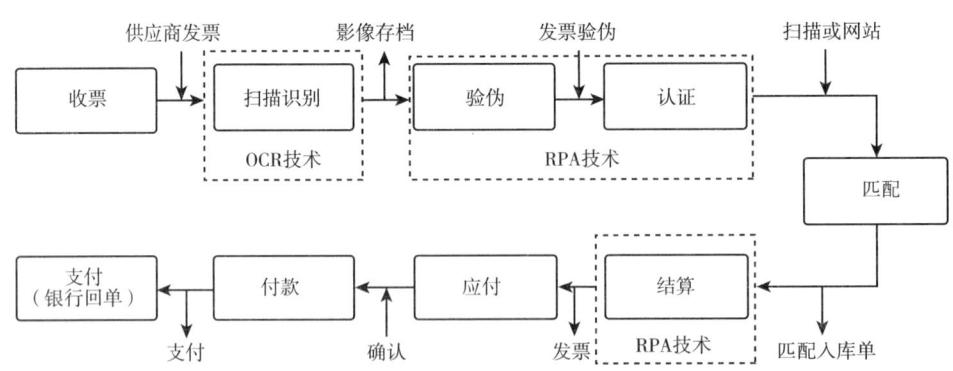

图5－13　业财融合付款流程

1. 扫描识别模版管理。扫描识别模版管理，主要是针对已经在本地制作好的识别模版（扫描仪系统预置了增值税发票识别模版，无需单独制作，可直接使用），通过扫描识别模版管理引入 ERP 系统中。

扫描识别模板制作,是将企业需要用的票据或单据,制作成可进行扫描识别的识别模版,同时定义单据上需要进行识别的内容和字段。增值税发票的识别模版内置完成后,不需要用户自己制作,其他的票据,只要票据的版式和纸张大小是固定的,都可以制作成识别模版。识别模版制作完成,就能在后续的凭证模版设置及扫描记账中使用。

不同的票据类型,因版式不同,都需要制作识别模版;识别模版需要设置票据的各个字段,如企业名称、金额等。

标准产品出厂时需预置银行回单(收款)、银行回单(付款)两个自定义的扫描识别模版;其他常见规范单据,如公交充值费、过路费、加油费等单据需要用户自定义扫描识别模版。

2. 增值税发票识别。增值税发票扫描录单通过增值税发票识别,选择需要的识别模版,扫描识别程序内置"增值税发票"识别模版,用户需要扫描的单据若为增值税发票则可直接使用,如为其他单据需要自定义识别模版。

选择需要的识别模版后,将发票按正确顺序放入扫描仪,点击扫描识别,系统将自动生成增值税发票扫描识别结果。

若识别结果无误则直接生成增值税发票单据,若扫描识别结果缺失或关键信息无法准确识别,系统只生成增值税发票扫描识别不生成增值税发票单据,用户可手工修改增值税发票识别,保存后点击生成单据,系统将自动生成对应的增值税发票单据。用户也可通过增值税发票识别联查生成的增值税发票单据,以及扫描影像(见图 5-14)。

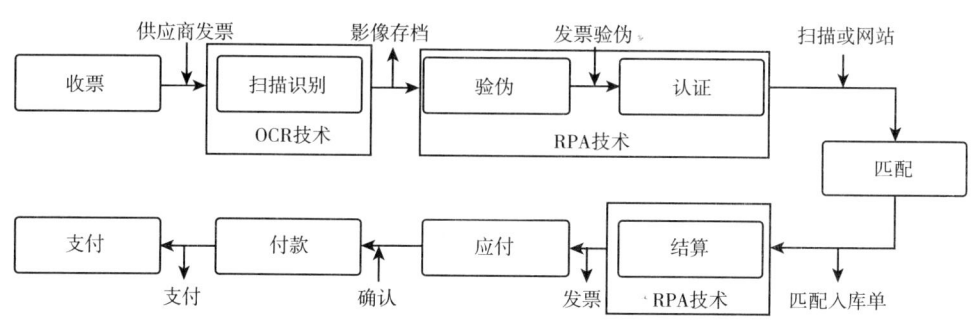

图 5-14 业财融合付款流程

3. 银行回单。银行回单收付款扫描录单通过银行回单收付款的扫描入口,选择需要的识别模版后,将银行回单按正确顺序放入扫描仪,点击扫描识别,系统将自动生成银行回单。

按银行回单的收款或付款类型,自动生成对应的单据,系统预置两种单据:银行回单收款或者银行回单付款。

业财融合概念结构

若识别结果无误则直接生成银行回单单据，若扫描识别基础结果信息缺失或关键信息无法准确识别，系统只生成扫描识别基础而不生成银行回单收款或者银行回单付款，用户可手工修改自定义单据识别，保存后点击生成单据，系统将自动生成对应的银行回单收付款或者银行回单付款。也可通过自定义单据识别联查生成的银行回单，以及扫描影像。

三、云计算业财融合模式

云计算下的业财融合是基于Web2.0、Web3.0与云技术的新时代企业管理服务平台。旨在帮助企业打造面向新时代的生态互联与协同平台，围绕生态中的每个角色，提供随手可得的云服务，最终实现敏捷协同、智慧运营的企业运营新境界。业财融合的业务架构贯穿流程驱动与角色驱动思想，结合管理模式与管理实践积累，精细化支持企业财务管理、供应链管理、供应链协同管理、人力资源管理等核心应用。技术架构上采用平台化构建，支持跨数据库应用，支持私有云部署、公有云部署和混合云部署三种部署方式（见图5-15）①。

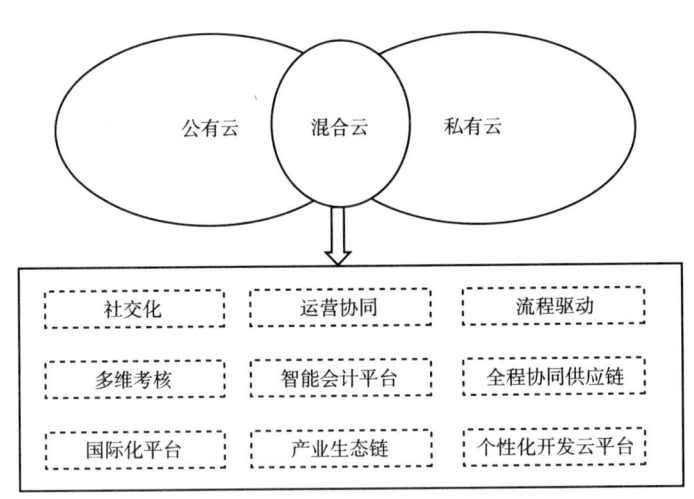

图 5-15　业财融合下的云计算功能部署

1. 社交化的业财融合。与ERP系统深度集成，并可与微信账号对接，基于社交网络技术，借助企业员工网络、客户网络、供应商网络，实现企业内、外部业务协作，突破组织边界、资源与时空限制。

---

① 根据金蝶云ERP（K3cloud）产品特性整理。

2. 多组织运营协同。顺应企业管理创新理念，从组织、角色、数据、业务流程等多角度出发，构建多地点、多工厂、多事业部的动态业务模型，实现企业内部多业务单元的运营与考核。通过简约的组织间业务关系定义与隶属关系定义，支持多组织企业内各公司或事业部之间的协同作业，尤其是上下级组织间的战略协同以及业务汇总。

3. 业务流程驱动。通过流程管理实现企业业务管理流程的固化及优化；通过基于角色的全流程业务驱动，实现企业业务的规范化运转；通过以事找人的工作方式，加之移动审批轻应用，用户可以通过任务处理的方式完成业务全过程的处理，提升工作效率。

4. 多维管理考核体系。通过建立多个核算体系，支持法人账、利润中心账并行核算，解决多工厂、多法人经营下，多角度利润核算与分析体系，解决多层次会计主体直接式财务核算。通过阿米巴报表，实现基于业务信息的阿米巴经营考核的报表输出。

5. 智能会计平台。提供开放的记账平台，支持用户自行设置记账规则与维度；提供开放的成本核算配置平台；支持用户自行配置核算维度、业务范围、核算方法；通过弹性域技术方案，支持多维度核算，满足多角度核算与考核分析要求。

6. 全程协同供应链。单据类型与弹性域结合，业务流程与业务维度可自由扩充，构建灵活供应链平台。简约一屏式录入，正常情况无需翻屏，无需切换页签即可完成数据录入，相关信息系统自动分类展示。提供标准接口，可与各种外部系统轻松对接，实现外部供应、营销、服务三大体系业务协同。

7. 助力企业全球资源配置的国际化平台。通过会计要素与核算规则，满足不同国家、地区会计制度与准则的要求。易于扩展的税制框架，以及通用的税规则处理，既满足全球各地的应用，又可方便地进行本地化配置。一个数据中心可同时支持业务信息多种语言的应用，方便不同国籍人员的沟通与协作；一键式的多语言启用，方便按需配置，以快速跟随企业全球化布局的步伐。支持跨时区应用，满足企业全球资源配置的运作协同。国际化设置可方便按需设置不同国家、地区的应用习惯。基于互联网的翻译平台，轻松完成本地化产品翻译工作。

8. 开放的产业生态链。通过公有云应用，聚合产业链上下游合作方；通过协同开发云平台，整合随需应用的开发商资源。

9. 个性化的开发云平台。以 BOS 为核心的协同开发云平台，快速获得个性化应用；一键式开发环境部署，在线的成果体验，方便二次开发。

四、区块链业财融合模式

基于区块链的分布式账本、密码学加密、多方共识机制、智能合约四个核心技术，围绕企业业务开展所涉及的外部机构、相关业务企业和企业内部的职能部门，构建区块链技术在业财融合中的应用场景（见图5-16）。

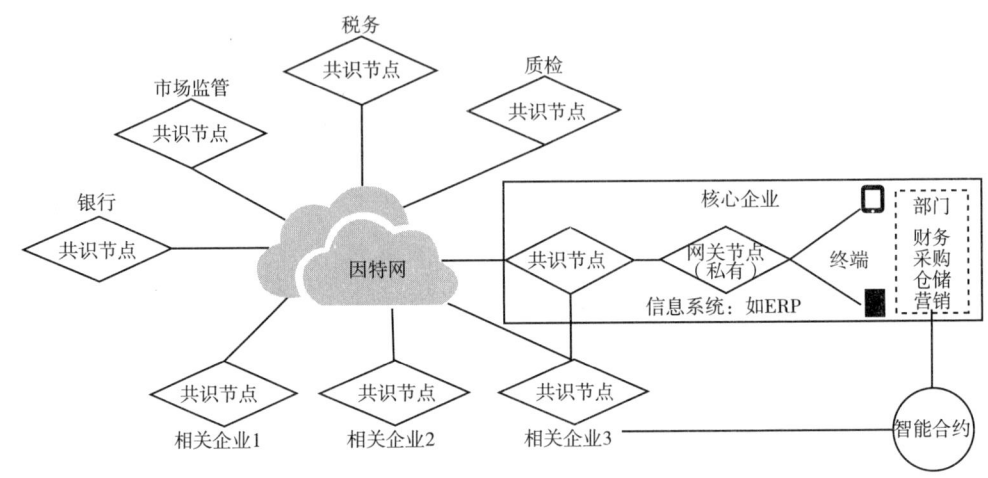

图5-16 区块链技术在业财融合中的应用

1. 核心企业将区块链技术应用到业财融合中，构成了由市场监管、银行、税务等第三方机构以及业务环节各类企业参与的公有链，企业内部各部门的业务流程构成了私有链。

2. 区块链每个节点都按照块链式结构存储完整的数据，存储是独立、地位等同的，依靠共识机制保证存储的一致性，保证各参与方能够监督交易合法性。

3. 基于区块链技术建立起了广泛的共识机制。虽然各交易主体间的交易信息是公开的，但是主体身份信息是高度加密的，只有数据拥有者授权的情况下才能访问，保证了各交易主体数据的安全和隐私。

4. 智能合约是基于这些可信的不可篡改的数据，根据预先定义好的规则和条款自动化执行。

业务和财务活动是企业运营管理中的核心要素，在传统的管理过程中，业务、财务环节信息的不对称易造成系列管理问题。而区块链技术所具有的特性可以很好地帮助企业解决运营中的实际问题，有效地将业务、财务流程融合为一体，促进企业管理能力与水平的提升。

（一）区块链技术嵌入业财流程，破解管控难题

基于区块链技术将全企业中的网络端口全部添加至企业的信息收发网络中，按照区块进行数据信息的计算与传递，保证同一区块链上的信息能够快速被记录与读取。同时，实现每一个独立的区块都能够完整地保存数据信息。任何会计信息的参与者和使用者都可以

获得其指定区块的全部信息并嵌套进下一步,用户将加密并且专业验证的信息置入区块链条中,开展信息的传递。在此过程中,严格按照会计准则的要求开展完整的会计信息记录。

在业务环节,企业的所有业务都要求加盖时间戳,并广播到企业的网络端口中,随着业务进程的不断开展,多个时间戳覆盖的多区块构成了分布式记账链条,形成业务信息能够完整、及时地进行呈现。同时,将时间戳链条扩大到企业的上游供应商和下游的客户,最终实现业务、财务的融合。

将区块链技术引入业财中,可以有效地解决数据的可信度问题,与此同时,将信息自动传递给企业的生产、采购、营销部门,同步实现企业信息数据库的构建,在此基础上,形成生产、采购、营销的分析与评价[①]。

(二)区块链技术融入组织转型,重塑信任基础

1. 分布式计算方式,增强部门信息交互。区块链技术所具有的分布式计算方式,可以大大提高信息的交互效率,避免由于信息沟通障碍而带来信息孤岛的问题。运用区块链技术,业务人员可以有效地掌握自身或企业整体的运行状况,进而适时地调整自身的业务策略,提高企业的整体运营效率。

2. 分布式记账方式,提高员工工作效率。业务人员可以实时地进行记账工作,即通过终端设备将数据上传数据库系统,形成业务区块,摆脱了传统业务过程中,由于财务人员工作强度大、时间不均衡等财务数据处理时效性差的问题,提升业务工作效率。使用区块链技术可以使业务人员更好地了解公司业务,提高工作效率。同时,与传统审计模式下少数人阅读大量审计凭证相比,这种方式大大提高了审计效率[②]。

3. 智能合约应用,建立业财信任基础。智能合约应用区块链技术,可以将合约规则业务条款嵌入交易环节,由于无需中心化的认证就可以完成交易,能有效节约业务部门交易成本、提升业务和财务部门的工作效率,有助于巩固业财信任基础。智能合约的使用,可以将匿名信用应用于实际交易流程,无需再聘请机构进行信用调查,可有效节约交易的时间成本,降低筹资成本,同时,将智能合约与业务结算接口对接,以数字货币形式自动完成资金结转流程,既保证了资金的安全,又能够减轻财务部门的工作负担,提高结算部门的工作效率。

---

① 姚祎. 利用区块链技术对财务共享服务中心的再优化——基于业财融合视角 [J]. 财会通讯, 2020 (07): 134-137.

② 刘仕侠. 基于区块链技术背景的业财融合发展趋势研究 [J]. 企业改革与管理, 2020 (07): 133-135.

（三）区块链技术接入 ERP 系统，突破业财融合的信息瓶颈

1. 去中心化的记账模式，有效保证账目的准确性。传统的记账模式是围绕中心来开展记账，记账的真实性、准确性完全依靠财务人员的职业操守，存在着各种各样的职业道德风险或操作问题，进而可能带来由于账目数据的偏差而造成企业决策的失误。去中心化的模式由于采用多人记账的模式，企业的管理人员不能随意使用权力对账目进行变更，可以有效保证账目的准确性。

2. 普及区块链应用，拓宽业财数据边界。企业利用区块链技术将本企业 ERP 与其他企业 ERP 数据匿名交换，进一步拓宽企业的数据边界。将企业业务数据延伸至外部价值链，实现企业往来单位和客户信息的共享安全。接入区块链的各类组织或个人与企业发生相互交易时，既不需要与业务部门进行业务沟通，也不需要核对具体的业务信息。基于区块链技术的数据的不可篡改性，有利于企业进一步掌握外部信息，为更好地评价业务部门提供数据支持。

第三节　ERP 在业财融合中的应用

ERP 是建立在信息技术基础上，利用现代企业的先进管理思想，全面地集成企业所有资源信息，为企业提供决策、计划、控制与经营业绩评估的全方位和系统化的管理平台。ERP 是一种管理思想，是一种软件产品，是一种系统。

1. ERP 概念。ERP（Enterprise Resource Planning）是企业资源计划系统，ERP 的目的是优化企业资源。具体地说，ERP 以市场和客户需求为导向，进行企业内外资源的优化配置，消除生产经营过程中的无效劳动和资源浪费，实现企业整体的信息流、物流、资金流、价值流和业务流的有机集成，将企业的所有资源（人力、资金、信息、物料、设备、时间等）充分调配和平衡优化，为企业加强财务管理，提高资金运营水平，建立高效率供应链，减少库存，提高生产效率，降低成本，提高客户服务水平等提供保障，同时为企业管理者提供科学决策的依据。在 ERP 进入普及时代的今天，它几乎成为企业管理软件的代名词。

ERP 系统在企业管理信息系统中占有举足轻重的地位。它是采用现代信息技术，对企

业生产经营过程中的业务数据进行采集、加工、整理、传输,以便系统、连续、综合地反映企业经营活动的全过程,达到客观地反映过去、实时地控制现在、准确地预测未来的目的。把 ERP 系统作为企业管理信息系统的一部分来认识和剖析更能反映会计是为企业经营管理决策服务的本质特征①。

2. ERP 在业财融合下价值。业财融合的具体表现,是以 ERP 系统为基础平台,应用了包括 OCR、RPA 等多种形式的信息技术,推进了业财融合的进程。业财融合与 ERP 的发展是你中有我、相辅相成的。ERP 系统在我国已有 40 年的历史,随着大量企业的推行和实施,通过与多个业务系统的联系,客观上推进了业财融合的发展进程。近几年来,业财融合在企业实务界的迅猛发展,又倒逼 ERP 系统内各个系统的融合,以及与系统外的数据连接、交换、共享。本节侧重体现业财融合的 ERP 管理,强调现代信息技术在业财融合中的应用。

根据业财融合中的业务流程、财务流程和管理流程,结合 ERP 特点构建业财融合下的 ERP 应用流程(见图 5 – 17)。

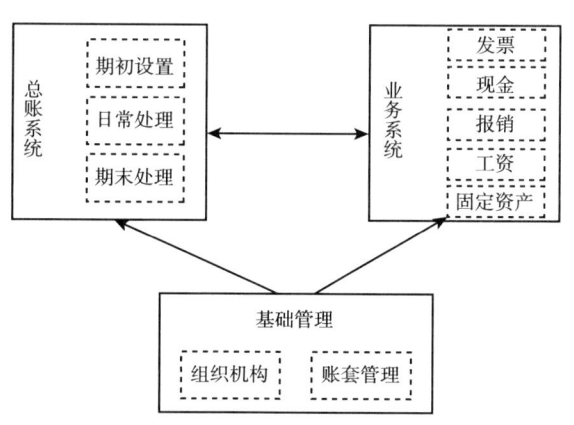

图 5 – 17 应用流程

传统的 ERP 系统既包含财务会计、管理会计,也包括采购、销售、库存、人力资源等内容。业财融合下的 ERP 系统一般应分为以下三大部分。

(1)基础管理。包括组织机构管理、账套管理。

(2)总账系统。包括总账系统初始设置、日常业务处理、期末处理。

(3)业务系统。发票管理、现金管理、报销管理、工资薪酬管理、固定资产管理等各类业务活动。

---

① 杨明,张战友. 用友 ERP – U8 V10.1 [M]. 北京:电子工业出版社,2015:2.

一、基础管理

ERP 为各个子系统提供了一个公共管理平台——基础管理,用于对整个系统的公共任务进行统一管理,如企业账套及年度账的建立、修改、删除和备份,角色和用户的建立及权限的集中管理、系统安全运行的管理及控制等,其他任何产品的独立运行都必须以此为基础。

(一) 组织机构管理

组织机构是完成基础系统管理的首要任务。业财融合体系背景下,要求 ERP 应该支持多组织业务。组织机构管理工作主要包含基础资料的控制方案、组织职能的架构方案。

1. 基础资料的控制方案。通过基础资料控制策略,实现基础资料的统一管理,有效实现数据隔离。业财融合体系下,不同的部门、岗位需求的资料不完全一致。对于资料的权限也应不同。配置初期,可以由系统管理员创建自动分配计划,实现基础资料的自动分配。在运行过程中,系统管理员可以查看分配的执行情况,实时调整资料的属性、权限。权限需区分共享或者私有。若采用共享模式,要区分创建、只读、修改和完全控制。

2. 组织职能的架构方案。组织因业务角色与职责不同而区分为不同的职能类型。业财融合体系下,不同的部门共同配合使用 ERP 平台,但是组织职能应用是通过所选组织是否满足关键业务单据主业务组织的组织属性要求来控制的。例如,销售订单要求销售组织必须具有销售职能,进行 BOS 设计时,其主业务组织的业务组织职能为销售职能。组织职能具体应包括采购职能、生产职能、销售职能、库存职能、质检职能、资金职能、收付职能、结算职能、资产职能、服务职能等。业财融合下的 ERP 组织职能架构见图 5-18。

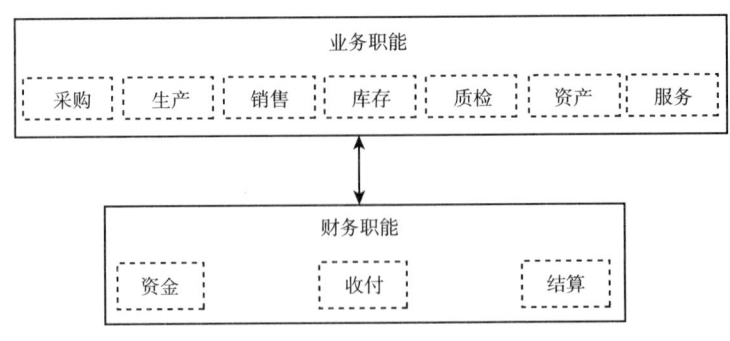

图 5-18 组织职能架构

(二) 账套管理

账套管理是完成基础系统管理的第二任务。在正式使用 ERP 系统之前，用户必须先在系统中确定一个会计核算主体，并为之建立一套核算账簿。所以，建立账套又称建立核算单位。账套系统管理既是系统运行的基础，又是支撑业务运作的基石。与传统 ERP 比较，业财融合体系下，主要职能包括用户管理、角色管理、权限管理、操作日志等（见图 5-19）。

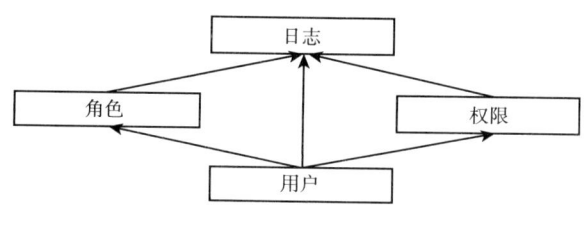

图 5-19 账套管理架构

1. 用户管理职能。企业管理的职能包括追加模式批量分配角色；提供密码策略对用户密码统一控制；体现用户与职员之间的关系、用户的综合情况以及操作系统的情况。每个组织应当具有设置一位系统管理员的功能，同时每个部门具有设置一位二级管理员、操作员的功能。

2. 角色管理职能。企业根据每个部门属性、岗位属性的差异，能够设置不同的角色。

3. 权限管理职能。企业对角色的授权设置，应当结合用户和组织的权限控制，能够提供从功能、数据以及字段上的权限控制，加上多维度的批量处理，并辅以管理报表的查询，搭建多角度的立体权限体系，实现权限分布的合理性。组织系统管理员应当具备维护二级管理员的功能，而不能维护普通操作员的功能。普通操作员由本部门的二级管理员加以维护。组织系统管理员、二级管理员应当有各自的系统管理权限，但是不应具备具体业务的操作权限。

4. 操作日志职能。ERP 系统运行过程中，为了记录重要功能或服务的执行情况，必须要生成日志，如上机操作日志、执行计划日志、Web API 日志、插件监控日志等。并且要求实现业务数据中心与日志存储的分离。

日志职能的相关要求：（1）一旦启用日志库，操作日志后台存储应当自动写入日志库。若停用日志库时，操作日志应自动回到原有存储方式。操作日志的功能应当包括执行计划日志、Web API 日志、插件监控日志，日志库启用后才能记录，以保证数据的安全性、完整性。（2）日志记录应包含操作用户、操作时间、IP 地址、机器名称、操作组织、操作系统、操作对象、操作名称、操作描述等信息。(3) 操作日志应当安全可靠,不可修改、删除,不可手工清理。(4) 操作日志应当可导出为 EXCEL 等常见形式。(5) 各个部门岗位的操作员仅能够查看、导出自己的操作日志。二级管理员应当可以查看、导出本部门操作员的操作日志。系统管理员可以查看、导出所有操作员的操作日志。

二、总账系统

总账系统,指通过设置会计科目和账户、复式记账、填制和审核凭证、登记账簿、财产清查、成本计算以及编制报表等核算方法进行的会计处理工作的总称。

业财融合下的 ERP 应用,其总账系统和传统 ERP 基本类似,主要由总账系统初始设置、日常业务处理、期末处理三个环节构成。但与传统 ERP 相比,业财融合下的 ERP 在初始设置部分、日常业务与期末处理环节采用了新的智能化技术(见图 5-20)。

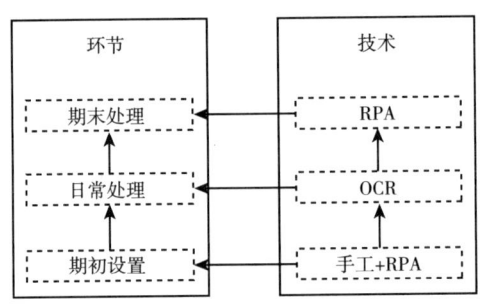

图 5-20 总账系统技术应用架构

(一) 总账系统期初设置

期初设置是总账系统启用前的准备工作,通常应当包括公共基础档案(核算体系、账簿、凭证字、币别、汇率体系、汇率、科目表、科目、核算维度、结算方式等)、基础资料(分录类型和凭证模板)、参数(业务参数、财务参数)三个方面。对于初始设置之中部分重复性高的工作(如科目、核算维度等)可以适当采取 RPA 技术。

(二) 日常业务处理

日常业务处理是总账系统的核心工作,通常应当包括凭证生成、凭证生成情况查询、业务凭证查询和总账凭证查询。业财融合下,日常业务处理可以依托于 OCR 技术。日常业务处理中,利用 OCR 技术,不仅可以取代原来手工录入凭证的方式,帮助财务人员提高事务性的录入工作效率,让业财融合下的财务会计工作更加高效、简单、智能,而且可以查验票据真伪，规避重复、假冒发票，降低相关业务人员和财务人员的业务风险，使部门之间关系更加和谐顺畅。

（三）期末处理

期末处理是总账系统的结束工作，通常应当包括自动转账、凭证摊销预提、期末调汇、结转损益、总账期末结账等内容。由于期末处理重复性高、工作量大、易于标准化的特点，以及财务合规风险的客观存在。业财融合下，ERP 期末处理应大量采用 RPA 技术，从而优化财务流程，提高业务处理效率和质量，减少财务合规风险。

1. RPA 技术在自动转账中的应用。总账期末结账时，企业会计业务中存在一类转账凭证，它们有规律地重复出现。例如，按月计提、上缴税金、月底结转制造费用到生产成本、结转管理费用到损益账户等，如果手工编制此类凭证，将会做许多重复工作。系统提供自动转账功能，用户可以设置重复凭证的摘要、借贷方科目、金额来源或者定义计算方法等，并保存为模版，只需要定期执行转账模版即可自动生成记账凭证，无需手工计算金额，大大提高工作效率。

2. RPA 技术在凭证跨期费用中的应用。新会计准则取消了待摊费用和预提费用科目。相关业务在"其他应付款"以及"预付账款"科目核算。而对于摊销期限在一年以上的费用，通过"长期待摊费用"科目核算。企业预提的短期借款利息在"应付利息"科目中核算。由于这类业务每月或每季重复发生，系统提供凭证预提功能，简化用户手工录入的工作量。

3. RPA 技术在期末调汇中的应用。期末调汇中利用 RPA 技术，可以用于对账簿内外币核算的科目在期末自动计算汇兑损益，生成汇兑损益结转凭证及期末汇率调整表。

4. RPA 技术在结转损益中的应用。结转损益利用 RPA 技术，可以有效防范手工处理导致的财务合规风险，如人为调控资产、损益数据等。

三、业务系统

ERP 应用的业务系统管理涉及范围较广。当前，业务财务结合较深入的业务系统有发票业务、现金业务、报销业务、工资薪酬业务和固定资产业务。

（一）发票业务

在业财融合下，发票管理应当使用 OCR 技术。根据销售部门开出的应收单、采购部门开出的应付单，在 ERP 系统中应能够直接生成发票，会计仅需进行核对、查验，而不再是由会计开出发票,减少工作时长,优化工作流程。当然,财务需要根据企业实时的财务状况和《中华人民共和国发票管理办法》等发票管理制度,对于相关业务部门作出事前必要的指导工作。发票业务流程如图5-21所示。

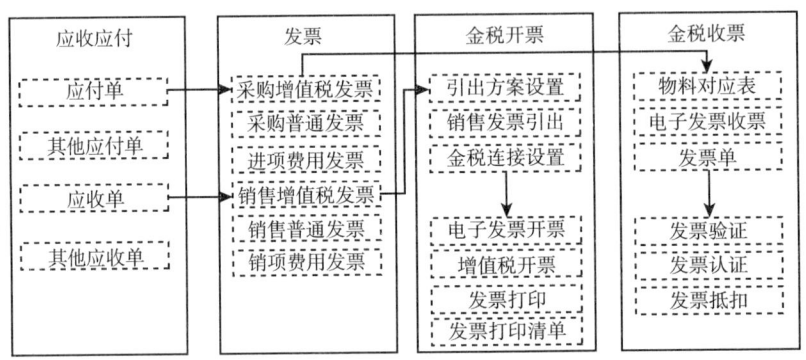

图5-21 发票业务流程

1. 采购发票处理。企业应根据实际发生的采购业务,在ERP系统中,由采购入库单生成相应的应付单、采购发票。采购增值税专用发票、采购普通发票、费用发票一般应从供应商处取得。一般供应商如果是增值税一般纳税人,则可以提供增值税专用发票;小规模纳税人则只能提供采购普通发票。用户只有收到采购增值税专用发票,相应的税额才可以作为进项税额抵扣,收到的采购普通发票一般情况下不可以抵扣税额,但根据税法,购买农产品、支付过路费等特殊行为收到的普通发票允许抵扣。费用发票适用于采购或者销售过程中发生的一些费用,如材料采购过程中同时发生了一些运费、保险费、仓储费等。

2. 销售发票处理。企业应根据实际发生的销售业务,在ERP系统中,由销售出库单生成相应的应收单、销售发票。销售发票包括销售增值税专用发票和销售普通发票。如客户为一般纳税人,则一般开具销售增值税专用发票;如客户为小规模纳税人,则开具销售普通发票。无论开具哪种销售发票,都是按照相同的方法缴纳增值税。

(二)现金业务

现金业务是指企业中的日常出纳业务,通常包括现金、银行业务、票据管理、现金报表。传统ERP下,需要由相关业务部门填写现金付款申请单、现金收款通知单,然后出纳录入收付款信息,生成凭证然后传到总账系统。业财融合下,ERP可以根据相关业务部门的现金付款申请单、现金收款通知单,经财务审批后,自动生成凭证然后传到总账系统。现金管理系统比较适合使用移动互联技术(见表5-1)。

表 5-1　　　　　　　　　　　　　现金系统

关联系统	系统功能	业务融合部门	应用技术
总账系统	从总账引入或登账的方式引入日记账 日记账生产凭证传递到总账 现金科目余额与总账对账 现金流预测从总账取数	财务	RPA
应收款系统	票据共享 收款单据传递 现金流预测从应收系统取数	仓储 销售 财务	OCR、移动互联
应付款系统	票据共享 付款单据传递 现金流预测从应付系统取数	仓储 采购 财务	OCR、移动互联
结算中心系统	票据传递 收付款单据传递	财务	RPA

业财融合下的 ERP 现金关联系统应当包括：总账系统、应收款系统、应付款系统、结算中心系统，采用 RPA、OCR 等技术，可以有效简化现金系统的流程，提升现金付款申请单、现金付款单、现金收款通知单、现金收款单处理速度。四种单据的业务流程通常应包括以下几个方面。

1. 现金付款申请单流程：付款申请单录入、审核、审批；处理应付系统录入的付款申请单；付款申请单序时簿查询；付款申请单提交：提交网上结算；付款申请单获取，获取结算中心操作信息；付款申请单生成付款单。

2. 现金付款单流程：付款单新增、修改、删除；付款单审核、审批；付款单登日记账；付款单发送到应收应付系统；付款单从结算中心下载单据；付款单发送 E-MAIL 邮件、短信、APP 消息通知。

3. 现金收款通知单流程：收款通知单新增、修改、删除；收款通知单审核；收款通知单提交网上结算；收款通知单获取在结算中心是否处理的信息。

4. 现金收款单流程：收款单新增、修改、删除；收款单审核；收款单登账：登日记账；收款单发送到应收应付系统；收款单从结算中心下载单据；收款单发送 E-MAIL 邮件、短信、APP 消息通知。

（三）报销业务

报销业务是指面向企业全员（包括财务报销人员），提供完整的费用报销流程，业财 ERP 系统应支持从费用申请、借款到费用报销、退款，以及费用二次分配与移转业务。与出纳、应付系统无缝集成，精细化个人往来管理，帮助企业费用合理统筹，防止不必要的浪费和支出。现金系统比较适合使用 OCR、RPA 和移动互联技术。业财融合下的 ERP 系统报销系统处理应包括三个主要环节：费用申请、费用报销、费用核销（见图 5 - 22）。

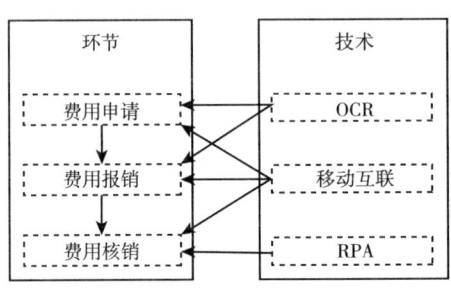

图 5 - 22　报销业务技术应用架构

1. 费用申请。费用申请可以采用 OCR 技术、移动互联技术等手段实现。费用申请通过业务部门填写费用申请单来实现。费用申请单主要用于处理费用申请和费用借款，一单二用。费用申请单应包括如下功能：借款事由、申请借款、预计还款日期、申请金额、核定金额、费用实际借款金额、已报销金额、已退款金额、冲销金额、借款余额。

2. 费用报销。费用报销可以采用 OCR 技术、移动互联技术等手段实现。费用报销主要用于费用报销业务。建议直接通过费用申请单、历史借款余额下推生成费用报销单。系统将自动完成报销付款/借款的核销。

费用报销应包含以下功能：申请付款、申请退款、合并付款、发票类型、费用金额、申请报销金额、申请付款金额、申请退款金额、核定报销金额、核定付款金额、核定退款金额、费用报销单自动下推生成付款申请单、费用报销单自动下推生成付款退款单、查看借款。

3. 费用核销。核销可以采用 RPA 技术、移动互联技术等手段实现。费用核销应涵盖自动核销、尾差核销两种方式。

（1）自动核销。不存在关联关系的报销单付款单（包括付款单及历史借款），需要通过自动核销向导完成核销工作。选择核销方案（设置日期）页签、选择需要核销的组织和核销方案设置需要核销单据的日期范围，执行自动核销向导。执行完成，可查看核销记录。

（2）尾差核销。由于一些异常原因，企业应付的零星报销款无需再付，或者企业应收的零星报销借款无法收回，此时，可使用尾差核销功能，将存在尾差的单据直接核销，并对应生成核销单，用于财务做账。常规情况下，可以通过 ERP 系统查询尾差核销，自动生成的核销单，财务人员基于核销单，生成总账凭证。如果某报销单还剩余款项未付，而该报销人已离职，此时，通过尾差核销生成核销单，基于该核销单生成总账凭证，一方面确认收益,另一方面确认其他应收款增加。如果某费用借款还剩余款项未归还,该报销人已离职,此时,通过尾差核销生成核销大,基于该核销单生成总账凭证,一方面确认损失,另一方面确认其他应收款减少。

(四)其他业务系统

1. 工资业务。传统 ERP 下,工资业务需要由人事部门、财务部门各自进行设置与期初配置工作。业务发生时,由人事部门处理,相关单据交至财务部门,然后出纳录入的收付款信息,生成凭证然后传到总账系统。在业财融合下,工资管理由人事部门处理,收付款信息、生成凭证自动传导至财务部门,财务部门仅需进行审核查验工作。财务部门的工作重心由事后转为事前,根据企业的资金、财务状况,提前通知人事部门,合理配置人员的增减变动,变被动为主动。

2. 固定资产业务。传统 ERP 下,固定资产业务需要由行政部门、具体使用部门、财务部门各自进行设置与期初配置工作。业务发生时,由行政部门和具体使用部门处理,相关单据交至财务部门,然后财会人员录入相关信息,生成凭证然后传到总账系统。在业财融合下,固定资产业务由行政部门和具体使用部门处理,数据传导至财务部门,自动生成凭证。财务部门仅需进行审核查验工作。财务部门的工作重心由事后转为事前,根据企业的资金、费用、资产等财务状况,提前通知行政部门,根据实际需求,在合理的时间点,精确安排固定资产的新增采购、大修理、转让出售等环节,变被动为主动。

本章参考文献

[1] 徐宗本. 数字化 网络化 智能化 把握新一代信息技术的聚焦点 [J]. 网信军民融合, 2019 (03): 25-27.

[2] 林琳. 浅析云计算 [J]. 计算机与网络, 2019, 45 (21): 38.

[3] 张庆龙. 下一代财务: 数字化与智能化 [J]. 财会月刊, 2020 (10): 3-7.

[4] 韩向东. 韩向东: 智能财务"未来"已来 [J]. 新理财, 2017 (12): 52.

[5] 刘勤. 智能财务的发展体系及其核心环节探索. 财务与会计, 2020 (10): 11-14.

[6] 贺慧. "区块链+会计"的前世、今生与未来 [J]. 会计之友, 2019 (18): 155-159.

[7] 李旭. 区块链分布式记账技术的商业应用与会计影响 [J]. 武汉金融, 2017 (10): 65-66.

[8] 田高良, 陈虎, 郭奕, 薛宇婷. 基于RPA技术的财务机器人应用研究 [J]. 财会月刊, 2019 (18): 10-14.

[9] 陈虎, 孙彦丛, 郭奕, 赵旖旎. 财务机器人——RPA的财务应用 [J]. 财务与会计, 2019 (16): 57-62.

[10] 姚祎. 利用区块链技术对财务共享服务中心的再优化——基于业财融合视角 [J]. 财会通讯, 2020 (07): 134-137.

[11] 吴文静, 鞠敏, 施曾艳, 等. 基于RPA的财务共享服务中心资金管理探索——以油田企业业财融合为背景 [J]. 会计之友, 2021 (02): 118-122

[12] 冷继波, 杨舒惠. "互联网+"背景下业财融合管理会计框架研究 [J]. 会计之友, 2019 (12): 19-23.

[13] 王梦媛. 业财融合管理会计框架研究——基于"互联网+"背景 [J]. 中国注册会计师, 2020 (01): 107-110.

[14] 李英姬. 智能信息化时代下财务核算体系的构建策略 [J]. 知识经济, 2019, (10): 81, 83.

[15] 陈虎, 郭奕. 财务数字基建赋能企业转型 [J]. 财会月刊, 2020, (13): 15-21.

第六章 业财融合业绩评价

第一节

业财融合业绩评价体系概述

一、业财融合业绩评价体系概念和原则

(一) 业财融合业绩评价的概念

业财融合业绩评价是建立在综合分析的基础上,运用一定的专门方法对企业的财务状况和业务经营成果所做的综合评价。业绩评价体系的构建是为更好地实现企业的战略目标,遵循战略相关性、可操作性、差别化和灵活性原则,按照制订评估计划、确定评估标准和方法、收集信息与资料积累、实施评价和评价结果运用的基本程序,通过运用关键绩效指标法、目标管理法、平衡计分卡和经济增加值等方法,从财务指标、业务指标和融合度三个方面构建完整评价指标体系,同时企业根据自身情况建立对照评价标准,对各企业一定经营期间的各项业绩成果进行综合评判的过程。业绩评价是一个组织管理控制系统不可缺少的组成部分,是企业战略计划与控制决策的重要支持工具。业财融合的业绩评价,更注重于评价的精细和完整。

(二) 业财融合业绩评价体系构建的基本原则

1. 战略相关性原则。业财融合业绩评价不仅是企业财务绩效考核,还要对企业的经营业绩进行考核,分析某一时间段企业的战略目标是否实现。企业将总体的战略目标分解为部门目标,再细分为个人目标。通过对个人和部门绩效的考核到企业经营业绩的考核、

业财融合概念结构

财务的考核，这些子目标的实现，也就是实现公司的战略总目标。

2. 可操作性原则。业财融合业绩评价指标的选取尽可能量化，制定的业绩评价指标要有一个统一的标准，具有一定的可操作性。对于企业的总战略目标，可以从财务、客户、内部流程、学习和成长、社会责任、业财融合度等角度对公司的业绩进行详细研究。量化的考核方法能避免很多主观上的因素，进而达到评价结果的准确性。

3. 差别化原则。业财融合业绩考核指标设定时，要区分企业所处的行业、业务性质等，有差别的设计考核指标以及考核权重，如服务业和制造业在考核的过程中设置的考核指标应该不同，制造业把销售部门、生产部门和财务部门等作为业财融合绩效考核指标，服务业把业务部门、行政部门和财务部门等作为业财融合绩效考核指标。

4. 灵活性原则。不论是综合指标评价体系还是单一指标评价体系，在运用过程中，企业都应当把内外部环境的影响程度考虑在内。业财融合的业绩评价指标体系，应当简单清晰明了，也需要考虑企业的外部环境和企业内部的经营状况，需要将数据资料定期的搜集和整理，选取合适的评价指标，这样才有利于评价系统的实施，提高评价结果的准确性。

二、业财融合业绩评价体系的作用

（一）传递组织的价值观和文化

建立业财融合评价体系有助于帮助员工明确组织文化和行为准则，明确哪些工作是重要的、哪些是次要的。为投资者选择经营者和管理团队提供重要依据，以统一的标准择优用人，另外可以有效加强对企业经营者的监管和约束，避免经营者的个人利益与组织目标不一致，从而导致经营者的决策和行为与组织目标背道而驰。

（二）有效激励企业各部门员工

通过监测战略和目标的执行情况，业绩评价系统可以将组织战略转化成可衡量、可控制的要素，定期的收集相关数据，可以清楚地看到战略和目标的执行情况，便于及时采取措施，保证组织战略和目标的实现。业绩评价有助于发现问题，寻找组织的绩效改进点，推动管理者去寻找解决问题的方法，最终达到改善绩效的目的。

（三）建立沟通与反馈的平台

上下级不是在绩效结果产生之后才进行评估，而是在这个过程中就需要不断沟通与反馈,从而能及早发现问题,有利于组织内部的信息交流。推进数据管理架构的建设:业绩评价系统需要许多基础数据的支持,可以加强组织内部的基础管理平台;为政府有关部门、投资者、企业职工等利益相关方提供有效的信息支持。

三、业财融合业绩评价体系的目标

在业财融合背景下,基于大数据技术,应用先进算法及模型,对数据进行加工处理,可以生成绩效评价报告、经济责任报告等评价报告。业财融合业绩评价体系应当包括财务指标与非财务指标相结合的综合绩效信息披露模型。

在业财融合的总战略目标的指导下,企业战略目标可以包括以下几点。

1. 财务层面具体分解为以下目标:提高盈利能力及营业能力、提升企业价值、增加EVA、优化资本结构。提高盈利能力及营业能力是企业经营业财融合过程中主要目标,因此首先需确保企业的经营业绩达到预定目标,收入能够满足预期,这就要始终把提高企业的营运能力放在首位;其次要加强对成本费用的管控,提高盈利能力;要重视企业的长远发展就要提升企业价值、增加EVA,使企业健康的发展;同时要优化资本结构,降低企业财务风险,这样才能提高企业综合竞争力,确保实现全年盈利目标,进而实现企业的总战略目标。

2. 顾客层面具体分解为:提高企业竞争力、增强产品竞争力、稳固客户关系等目标。为了获得客户认可以及满意度,增强产品的竞争力极其重要;要提高企业竞争力,获取更多市场需求增加产品的市场占有率,这样才能最大限度地保障企业提高盈利能力,为实现财务层面的目标打下坚实的基础。

3. 内部经营层面:这个层面需要结合企业的业务经营流程,在内部运营流程层面中确立目标安全生产。只有不断对经营流程进行技术改造,不断对内部经营流程进行优化,才能在实现企业高质量发展的同时满足客户的最大需求,进而用规范先进的流程确保企业的安全生产,只有从内部经营的流程中有效控制生产成本,才能确保生产指标一流,为公司完成经营生产任务保驾护航。

4. 学习与成长层面具体分解为创造良好的工作氛围、加强信息化管理提升、积极开展思想政治工作等目标。企业的软实力具体体现在学习与成长层面,具体而言,建设好人力资源队伍是首要的任务,只有打造出一流的人力资源队伍,创造良好的工作氛围,才能为建设发展企业注入活力。而对一流人才队伍最好的武装就是加强对员工的专业技能培训,同时拥有高科技信息化的办公设备及管理软件,提高企业的运营效率;企业的思想政治工作在企业的日常工作中有着举足轻重的地位,发挥基层组织的战斗堡垒作用,积极开展思想政治建设工作可以促进员工以更高的标准来要求自己完成本职工作。以上四个目标的完成可以更好地推动内部流程建设，增强企业软实力，为实现企业的战略目标做好强有力的内部支撑。

5. 企业社会责任层面具体可以分为经济责任、法律责任和伦理责任等目标。企业存在的目的就是创造更多的价值，为股东创造更多的利益。企业在创造价值的同时必须遵守法律，依法经营，提升自身的竞争力。同时，企业也要有爱心和责任感，努力回报社会。

第二节 业财融合业绩评价体系的构建

基于战略管理理论和系统论，业财融合运用平衡计分卡落实绩效评价，并在此基础上增加融合度评价指标，从财务指标、顾客指标、内部经营指标、员工成长指标、社会责任指标及业财融合度5个方面进行细化设计，实现战略制定到绩效评价的全过程评价，促进企业生产经营及管理水平的提升。

一、财务指标

财务指标是一个非常重要的指标，因为它不仅能够反映出企业的盈亏，而且还能够预测企业今后的发展方向。在业财融合的背景下可以设置以下财务指标：资产报酬率、存货周转率、资产负债率、总资产增长率等，通过财务指标能全方位地了解企业的业务经营情况，使企业的管理层和投资者能够更加清楚企业的资本运营、盈亏以及偿债能力。

（一）盈利能力

1. 总资产报酬率。

总资产报酬率 =（利润总额 + 利息支出）÷ 平均资产总额

投资活动是企业经营过程的重要业务活动，总资产报酬率以投资报酬为基础来分析企业获利能力，是企业投资报酬与投资总额之间的比率。该指标表示企业全部资产获取收益的水平，全面反映了企业的获利能力和投入产出状况。通过对该指标的深入分析，可以增强各方面对企业资产经营的关注，促进企业提高单位资产的收益水平。

2. 每股收益。

每股收益 = 净利润 ÷ 普股数

每股收益是指每股发行在外的普通股所能分摊到的净收益额。通过对每股收益的测算能够提前预测投资风险，及时准备应对方案。此外，每股收益还是企业未来发展潜力的关键参考值，是股东投资时的重要参考。

3. 净资产收益率。

净资产收益率 = 净利润 ÷ 净资产

净资产收益率是反映盈利能力的指标。因为企业的根本目标是所有者权益或股东价值最大化，而净资产收益率既可直接反映资本的增值能力，又影响着企业股东价值的大小，该指标越高，反映企业盈利能力越好。

（二）营运能力

1. 总资产利用率。

总资产利用率 = 营业收入净额 ÷ 平均资产总额

总资产利用率是投资规模和销售水平比值，是整体资产的营运能力的表现。但是该指标并不是反映资产利用效率的唯一指标，需要结合销售收入变化情况来分析，例如，当总资产周转率出现突然的上升但是销售额却较为稳定时，可能是由于大量固定资产的报废造成。

2. 存货周转率。

存货周转率 = 产品销售成本 ÷ 存货平均余额

该指标也称为库存周转率，它是衡量企业销售能力及存货管理水平的综合性指标，该比率为销售货物的成本和平均存货余额的比值，其数值大小反映了存货的周转速度，反映存货资金占用量是否合理，促使企业在保证生产经营连续性的同时，提高资金的使用效率，增强企业的短期偿债能力。

3. 现金回收率。

现金回收率 = 经营活动现金净流量 ÷ 平均资产总额

该指标反映了企业对于所实施的经济行为的损失程度，当回收率高时，表明收回的资金在支出的资金中占比更高，也就意味着损失率更小，此外它同样是对企业在现金上的产出能力，其数值越大，表示企业的资产获现能力就更强。

（三）偿债能力

1. 资产负债率。

资产负债率 = 负债总额 ÷ 资产总额

该指标反映了企业总资产中利用负债获得的部分占据的比例,是用来评价一个企业负债水平的综合指标,也是债权人发放贷款的重要依据。该数值越低,说明债权人将其发放出去的贷款按期收回来的概率就越高。该指标的数值越大代表偿还债务的能力越弱。

2. 流动比率。

流动比率=流动资产÷流动负债

该指标主要是针对企业短期偿债能力进行评价,一般认为其值在100%—200%是较为合适,该值越高说明短期偿债能力越强,其局限性在于无法预估未来的资金流量,只能反映在某一特定时刻的情况,同时应该识别出企业在流动比率上的粉饰行为,例如在年末购进下年计划中的货品以影响流动比率。

3. 速动比率。

速动比率=速动资产÷流动负债

该指标同样也反映了企业短期偿债能力,在计算公式中用到的速动资产指的是能够马上变现的资产,通过从流动资产扣除存货和预付费用后的余额就是速动资产,主要包含现金短期投资、应收票据、应收账款等项目。

(四) 增长能力

1. 总资产增长率。

总资产增长率=本年年末总资产的增长额÷上年年末资产总额

该指标是对本年末总资产的增长总额对比上年末的增长总额得出的,是对企业当年资本积累能力的说明,该指标的数值越大,说明资产经营扩张的速度越快,通过对比多年的数据变化可以总结出该企业经营情况的未来发展走势。

2. 营业利润增长率。

营业利润增长率=本年营业利润增长额÷上年营业利润

该指标和总资产增长率的计算方式类似,也是本年末数据与上年末进行对比,对比的内容为营业利润的增长额。反映了利润的增减情况,对其未来发展提供了预测需要的参考。利润的增长率的变化情况同样也是投资者最为关注的问题之一。

二、业务指标

(一) 顾客指标

没有顾客,就没有业务,也就没有企业,企业的存亡很大程度是由顾客决定的,因此在业财融合的评价中顾客指标举足轻重。可以设置以下顾客指标：市场占有率、顾客满意度、老顾客保持率、新顾客获得率、投诉解决率等。通过这些顾客指标，可以更好地思考企业的业务发展未来走向，及时调整产品及营销方式，帮助企业更好地发展。

1. 市场占有率。

市场占有率＝企业某种产品的销售总额（数量）÷市场同类产品的销售总额（数量）

市场占有率是衡量一个企业的某种产品占市场同类产品的份额的一种标志。同时也是企业产品在本行业市场的竞争力的具体表现。一般情况下，市场占有率越高，表明该企业的产品越优质，竞争力也越强，企业的市场地位越高。

2. 老顾客维持率。

老顾客维持率＝老客户人数÷该企业客户总量

这个指标主要反映现有老客户对企业的产品和服务等方面的满意程度。一般情况下，客户维持率越高，表明企业和客户的粘性越大，两者的合作关系越稳定。这对降低企业经营风险和大宗交易风险有很大帮助。与此同时，客户维持率使企业进一步了解客户的忠诚度，可以用来衡量现有客户对本企业的满意程度，也可以借助此指标衡量现有客户的业务成长率，不断扩大市场占有率。

3. 新顾客获得率。

新顾客获得率＝（本期客户数量－上期客户数量）÷上期该企业客户总量

这个指标主要反映了企业挖掘新客户的潜力和水平，同时该指标反映的是企业扩大市场份额和发现蓝海市场的能力。企业在旧客户群体中获得良好的口碑，通过建立良好的信誉等方式，不断获得新客户，从侧面反映了客户对企业的满意程度。该指标有助于企业维护好旧客户，不断挖掘新客户，扩大市场份额。

4. 投诉解决率。

投诉解决率＝解决的投诉数÷投诉总次数

这个指标主要包括两个方面：一是投诉率反映消费者在实际生活中对于消费问题的满意程度或者说不满意程度占总消费人群的比重；二是投诉解决率，针对投诉的问题有多少是能够解决的，这个比率越高表示解决问题的能力越强，同时也能更好地维护顾客稳定性。

5. 顾客满意度。

顾客满意度是指企业现有客户对企业提供的产品和服务的满意程度。客户可以从其期望值和实际感受来对企业的产品、服务进行打分。通过调查问卷或者投诉单进行考核。一般打分内容包括对产品的质量、价格、销售人员的服务态度、专业性、售后人员反应的及时性等方面入手。

业财融合概念结构

（二）内部经营指标

对于一个企业来说，内部经营过程的把控非常重要，管理层必须努力协调企业内部各个部门的工作，根据企业自身的情况和市场的发展，不断完善内部经营。一般企业内部经营指标会包含以下内容。

1. 新产品开发率。

新产品开发率 = 本期新产品完工数量 ÷ 本期计划生产新产品数量

新产品开发率即新产品推出能力。在信息化时代下，科技飞速发展，企业需要不断创新，利用大数据和 AI 智能化，使企业产品不断推陈出新，抢占市场，取得核心竞争力。新产品开发率高，证明企业注重创新和发展，能够在竞争激烈的高新技术行业，取得领先地位，并为企业的发展注入源源不断的活力。

2. 产品合格率。

产品合格率 = 本期合格产品数量 ÷ 本期生产完工产品数量

优化内部流程提高产品合格率，是企业生产环节追求的目标，一个产品的质量代表着企业的生产能力和实力。当企业的产量上升，但它的产品合格率没有提升，会导致顾客对其失去信赖，导致客户流失，最终导致企业失去市场份额，失去竞争力。

3. 安全生产率。

安全生产率 = 本次检查合格次数 ÷ 本期检查总次数

企业生产经营过程中，生产安全是整个企业工作的重点。安全生产是企业持续经营的警戒线，全面提高生产安全要求，有助于企业生产平稳进行，为企业发展提供源源不断的动力。

4. 问题产品故障消除及时率。

问题产品故障消除及时率 = 售出问题产品故障消除及时次数 ÷ 售出问题产品故障次数

这个指标主要是反映企业的售后人员服务水平和反应速度。故障消除速度快，可以缓解客户由于产品质量问题而产生的不满情绪，同时优质的售后服务可以让客户感受到企业员工的过硬专业素质和良好的服务态度。问题产品的返厂修理会导致企业的成本增加，但是能够给客户直观的服务体验，有利于增加客户满意度。

5. 服务流程改善目标达成率。

服务流程改善目标达成率 = 服务流程改善目标达成的项数 ÷ 服务流程改善目标设定的项数

企业为了有更好的售后服务，稳定顾客群体，就需要不断改善服务流程；使顾客有更好的体验感，需要运用服务流程改善目标的达成率来衡量。

（三）学习与成长指标

学习和成长指标主要反映的是企业是否愿意为实现战略目标和长期经营成果而进行的

对企业员工的投资。在如今的网络时代，知识的更新速度惊人，员工的需求层次也在提高，员工的学习成长成为各个企业不得不关注的问题，员工成长指标逐渐成为衡量一个企业潜在发展能力的重要指标，可以设置以下员工成长指标。

1. 员工满意度。

员工满意度＝实际感受÷期望值

员工满意度是指员工接受企业的实际感受与其期望值比较的程度。员工满意度又称雇员满意度，是企业的幸福指数，是团队精神的一种参考。这个指标既体现了员工满意的程度，又反映出企业在达成员工需求方面的实际结果。满意是个相对的概念：超出期望值满意；达到期望值基本满意；低于期望值不满意。员工在特定的工作环境中，通过其对工作特征的自我认识，确定实际所获得的价值与其预期所获得的价值之间的差距。差距大，满意度低；差距小，满意度高。

2. 员工培训率。

员工培训率＝每年参加培训的员工数量÷员工的总数量

这个指标主要反映企业为员工个人能力发展的规划，包括个人职业能力的培养、进修机会等，员工的整体培训率越高，说明企业重视员工个人的发展，企业整体的后续发展动力就越高。企业定期或不定期对员工进行专业技能素质拓展的培训，有助于员工提升自身的专业技术能力，能够更好地在本职岗位上工作，为企业的发展奉献力量，创造更多的价值。同时有助于职工实现自我价值，有机会获得较高的工资收入，满足较高的需求，有利于企业增加员工的忠诚度，提高稳定性。

3. 核心技术人员比例。

核心技术人员比例＝本期核心技术在职员工数量÷本期企业在职员工数量

这个指标主要反映核心技术人才在全体职工中的比例。核心技术人员比例提升，能体现出企业的人才实力和科技创新能力的提升，对不断增加企业的市场影响力和竞争力有推动作用。

4. 员工离职率。

员工离职率＝（本期在职员工人数－上期在职员工人数）÷上期在职人数

这个指标主要反映员工对企业的满意程度。当该指标升高，说明员工对企业的不满提升，企业的管理者应注意了解员工的工作强度、幸福感指数、职业认同感、工作环境、薪资待遇、晋升渠道等问题，从这几方面着手，改善员工的工作感受，降低员工离职率，提升企业的核心竞争力。

（四）社会责任指标

在业财融合绩效的评价过程中我们发现基于平衡计分卡的业务指标设置相对完善，包括财务维度、客户维度、业务流程维度及学习成长维度四个部分,每一维度都有详细的指标划分,充分衡量企业的财务状况以及在客户、内部业务流程及内部人员管理方面的真实水平。但随着市场的发展,消费者愈发重视企业社会责任的履行情况,多数人甚至以此作为衡量一家公司好与坏的重要标准。特别是针对一些特殊行业如国有企业、房地产行业,承担更多的社会责任,可以提升企业在消费者心目中的地位,推动实现企业经营管理、财务业绩等方面的优异表现。因此,我们在现有的绩效评价体系中,可以设置利税率、环保费用占收入比率、对外捐赠比率等,将对企业履行社会责任情况的评估作为企业业财绩效考评工作的重要组成部分。

三、融合度指标

在业财融合的评价过程中评价业财的融合情况如何,需要从企业感知、业务感知和财务感知等方面设置一定融合度的评价指标,具体可以包括:企业信息化、内部控制、业务流程、解决管理问题、财务共享模式、数字化决策等指标。企业在实行业财融合制度之后,一定程度上改变了组织内部的结构、业务与财务之间的操作模式、相关的管理制度、财务团队的管理方式、信息系统的运转模式、数据资产的范围和结构等,业财协作能力从流程、信息、数据等各方面得到提升,通过设计问卷,充分了解业财的融合情况(见表6-1)。

表6-1　　　　　　　　　　　业财融合度调查表

1. 请问业财融合后企业信息化的满意程度是:
很满意（　）　　满意（　）　　一般（　）　　不满意（　）　　很不满意（　）
2. 请问业财融合后企业制度的满意程度是:
很满意（　）　　满意（　）　　一般（　）　　不满意（　）　　很不满意（　）
3. 请问业财融合后企业组织结构的满意程度是
很满意（　）　　满意（　）　　一般（　）　　不满意（　）　　很不满意（　）
4. 请问业财融合后对企业内部控制的满意程度是
很满意（　）　　满意（　）　　一般（　）　　不满意（　）　　很不满意（　）
5. 请问业财融合后对业务流程的满意程度是
很满意（　）　　满意（　）　　一般（　）　　不满意（　）　　很不满意（　）
6. 请问业财融合后对企业解决管理问题的满意程度是
很满意（　）　　满意（　）　　一般（　）　　不满意（　）　　很不满意（　）
7. 请问业财融合后对业务能力的提升满意程度是
很满意（　）　　满意（　）　　一般（　）　　不满意（　）　　很不满意（　）
8. 请问业财融合后对财务共享模式的满意程度是
很满意（　）　　满意（　）　　一般（　）　　不满意（　）　　很不满意（　）
9. 请问业财融合后对企业数字化决策的满意程度是
很满意（　）　　满意（　）　　一般（　）　　不满意（　）　　很不满意（　）

四、业财融合评价指标体系

业财融合评价指标体系，具体包括 11 个一级指标和 36 个二级指标，具体见表 6 – 2。

表 6 – 2　　　　　　　　　　业财融合评价指标体系

评价指标	战略目标	业绩评价指标
财务层面	盈利能力	总资产报酬率
		每股收益
		净资产收益率
	营运能力	总资产利用率
		存货周转率
		现金回收率
	偿债能力	资产负债率
		流动比率
		速动比率
	增长能力	总资产增长率
		营业利润增长率
业务指标	顾客指标	市场占有率
		老顾客维持率
		新顾客获得率
		投诉解决率
		顾客满意度
	内部经营指标	新产品开发率
		产品合格率
		问题产品故障消除及时率
		安全生产率
	员工成长指标	员工满意度
		员工培训率
		核心技术人员比例
		员工离职率
	社会责任指标	利税率
		环保费用占收入比率
		对外捐赠比率

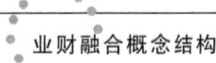

续表

评价指标	战略目标	业绩评价指标
融合度	企业感知	企业信息化
		企业制度
		组织结构
		内部控制
	业务感知	业务流程
		解决管理问题
		业务能力
	财务感知	财务共享模式
		数字化决策

企业在业财融合评价指标体系运用的过程中,由于所处行业的差异、评价内容的差异,针对不同的差异设置适合本企业的具体指标与权重,同时运用一定的专门方法进行综合评价,如层次分析法等。

第三节 业财融合业绩评价的程序和方法

业财融合业绩评价的程序和方法,是指进行业财融合业绩评价所应遵循的一般规程与基本技术。研究评价程序是进行业财融合业绩评价的基础与关键,它为开展业财融合工作、掌握评价分析技术指明了方向。

一、业财融合业绩评价的程序

从现有的评价程序来看,它们有其相同点,即搜集信息、分析信息、得出结论等步骤。在业财融合的背景下,业财融合的绩效评估工作大致要经历制订评估计划、确定评估标准和方法、收集信息与资料积累、分析评估、结果运用五个阶段(见图6-1)。

(一) 制订评估计划

企业应根据战略目标,综合考虑评价期间经济政策、行业发展、内部管理需要等因

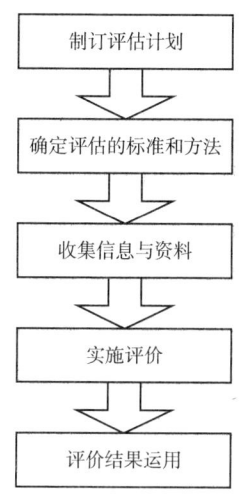

图 6-1 业财融合业绩评价程序

素，在明确评估目的的前提下，有目的地选择评估的对象和内容。评价计划应结合业务计划与预算，按照上下结合、分级编制、逐级分解的程序，在沟通反馈的基础上，编制各层级的绩效计划，包括人员的组成、分工、时间进度安排等。

（二）确定评估的标准和方法

1. 评价的标准。绩效评价必须有标准，作为分析和考察企业绩效的尺度。一般可分为绝对标准和相对标准。绝对标准是工作行为特质的标准，以客观现实为依据，而不以考核者个人意志为转移的标准。所谓相对标准，采取相互比较的方法，可以是横向指标也可以是纵向指标，如同一行业中的排名、企业不同时期的利润率等。

2. 选择评价方法。在确定评价目标、对象、标准后，就要选择相应的评估方法，主要包括定性的方法和定量的方法。

（三）收集信息与资料积累

业绩评价是一项长期、复杂的工作，对于作为评价基础的数据收集工作要求较高。各级部门应注意定期和不定期地采集和存储关于业务、财务的相关信息，确保提供准确、及时、完整、可靠的数据资料，企业应建立原始记录的登记制度，做好原始记录的登记。生产、加工、销售、运输、服务的数量、质量、成本等，按规定填写原始记录和统计，形成财务数据；定期抽查生产、加工、服务的数量、质量，用以评定期间内的各项业务情况；所采集的材料应尽可能地以文字的形式记录，证明所有的行为，说明所采集的材料是评估者直接观察的结果，同时详细记录事件发生的时间地点以及参与者，明确相关责任主体。

(四) 实施评价

在业财融合的评价过程中，评价机构应根据计划的执行情况实施绩效评价，这一阶段的任务是根据评价的目的、标准和方法，对被评价对象的绩效表现进行系统、全面、公正、客观的评价。

具体的实施流程为：评价主体按照业财融合绩效评价计划收集相关信息，获取被评价对象的绩效指标，应用选定的评价方法，计算并分析相应的评价指标，并进一步形成对被评价对象的综合评价结果；绩效评价过程及结果应有完整的记录，结果应得到评价主体和被评价对象的确认，并进行公开发布或非公开告知。

(五) 评价结果运用

通过定性与定量相结合的方式，得出评价结果并不意味着绩效评估工作的结束。在绩效评价过程中获得的大量有用信息可以运用到企业各项管理活动中。利用各个部门反馈结果帮助业务、财务部门找到问题、明确方向，这对各个部门改进工作方式，提高绩效会有促进作用；为企业的经营决策如市场开发、新产品开发等提供依据；检查各部门工作情况，如业务流程、人员配备等方面是否有失误，还存在哪些问题。

二、业财融合业绩评价的方法

目前，企业在绩效考评的过程中采用的方法很多，经过综合分析适应业财融合的评价方法主要有四种：关键绩效指标法、目标管理法、经济增加值法和平衡计分卡。

(一) 关键绩效指标法

关键绩效指标法是基于企业战略目标，通过建立关键绩效指标体系，将价值创造活动与战略规划目标有效地联系，并据此进行绩效管理的方法。在业财融合的评价过程中，通过对企业战略目标分解、归纳关键指标、实施绩效考核。关键绩效指标法的优点在于：第一，将企业的绩效与战略密切结合，有利于企业战略的实现；第二，通过识别价值创造模式，把握提高企业价值的关键因素，能够有效地提高企业的价值增值目标；第三，评价指标数量相对较少，实施成本低，有利于推广。但也存在一定的缺陷，难以实现定量分析，所以在运用该方法时很可能出现绩效评价结果有失偏颇的情况。

案例6-1

某科技公司是一家主要从事电子产品生产与销售的制造性企业。2016年年底在管理顾问的帮助下，该公司对战略目标进行了确认，并在流程与价值树分析的基础上确定了公司层面的指标体系，并确定了公司层面的平衡计分卡与绩效计划。为了确保公司战略目标的落实，在公司层面平衡计分卡与绩效计划设计完成后，我们又开始指导设计部门层面的平衡计分卡与绩效计划。部门层面平衡计分卡与绩效计划的编制首先要建设指标体系，为了确保和公司各级领导与中层经理、主管获得充分的沟通并集思广益，我们采取部门指标研讨会方式展开指标分解。在正式的会议开始之前，我们首先组织了一次关于指标分解的培训。在培训课上，我们详细地向参加培训的人员介绍了指标分解、平衡计分卡与绩效计划编制的原理，并重点展示了操作步骤及分析工具的使用方法。指标分解的沟通会议进行了两个星期，会议是在公司的会议室举行的。参加会议的人员有管理顾问、部门经理及分管副总。在分解过程中，我们一直反复强调并要求各部经理及分管副总充分地发表他们自己的意见和看法，当上级（分管副总）和下级（部经理）对某一指标的分解产生异议的时候，我们特意预留了时间指导他们进行专题沟通直至达成共识。在指标初步分解完成后，我们开始指导各个部门经理从部门职能推导出指标，并将其与分解指标进行对比，从而对分解的指标进行修正与补充。同时，为了加强各个部门在日常工作中的协作，我们最后还让各个部门对自己分解到的指标进行相关协作的要求，即为了实现个指标的目标，在日常实际工作中还需要哪些部门进行配合，对其他部门有什么期望。召开指标设计沟通会，管理顾问对指标的把握和控制是至关重要的。部门指标体系设计会议最后一项工作是将指标体系的初稿和部门职能进行对比。我们在会议现场和各个经理及分管副总进行了指标的推导并进指标对比，最后确定指标体系并提交该公司的总经理作最后的审批。经过两个星期的集中封闭讨论，我们完成了该公司部门指标体系的设计工作，这项工作在平衡计分卡与绩效计划的设计的步骤中是十分重要的。后来项目实施的效果也充分证明了我们部门指标体系设计思路的正确性，最终得到了客户的高度认可。

（二）目标管理法

目标管理法是一种较为常见的绩效评价方法，在业财融合的评价过程中同样适用。在运用此方法进行评价时，企业需要确定整体目标，将组织整体目标转换为组织单位和成员的目标，层层分解，逐级展开，采取保证措施，定期检查目标的进展情况，依据目标的完成情况来进行考核，形成评价报告，从而有效实现组织的目标。目标管理法在实际运用时有三大难点：难点一，目标的制定看似很简单，但是付诸实施的管理人员需要对它有很好的理解，必须向下级人员详细的解释目标；难点二，目标管理法运用的是一般都是短期的目标，很少有超过一年的目标，要防止目标的短期行为，需要长期考虑问题，这样管理者的管理难度加大很多；难点三，目标管理法应用的过程中要保持目标的稳定性，如果目标经常变化，目标制定就没有意义。

案例 6-2

金得利糖果公司是一家生产销售中式糖果的外资企业，随着西风东渐，他们发现我国人民的喜好已经发生了改变，光靠经营中式糖果无法实现公司的长期发展计划。为此，公司决定明年新增西式糖果业务，并通知全公司所有部门和员工做好准备。于是，技术部研究了现行设备和技术，对需要新添的设备和技术做了调查；销售部调查了市场，讨论了现行营销体系的优缺点；财务部对资金状况摸了底。年底，总经理签发了明年西式糖果经营总目标，各单位根据总目标制定了各自的小目标，并将小目标分配给基层单位和员工，依此类推，形成了一个目标体系。

（三）经济增加值法

经济增加值法是经济基础绩效考评模式的典型代表。EVA 并不是一项全新的创造，它的思想起源于经济利润的理念，其最大的优点就是不仅考虑了债务成本，而且考虑了股东权益资本成本。EVA 指标在利用会计信息时，尽量进行调整以消除会计失真的影响，更加真实地反映一家企业的业绩。此外，与净利润不同，EVA 指标的设计着眼于企业的长期发展，而不是短期行为。因此，应用该指标能够鼓励经营者作出能给企业带来长远利益的投资决策，如新产品的研究和开发、人力资源的建设等。而且，应用 EVA 能够建立有效的报酬激励系统，将管理者的报酬与衡量企业绩的 EVA 指标相挂钩，正确引导管理者的努力方向，促使管理者充分关注企业的资本增值和长期经济效益。EVA 方法的局限性在于：第一，由于 EVA 评价系统所选择的评价指标是唯一的（即 EVA 指标），从而造成评价主体只关心管理者决策的结果，而无法了解驱动决策结果的过程因素，结果 EVA 评价系统只能为战略制定提供支持性信息，而为战略实施提供控制性信息这一目标则不易达到；第二，EVA 指标的计算十分复杂，其难点主要体现在 EVA 的会计调整与资本成本的计算两个方面，这两个问题的存在增加了 EVA 计算的复杂程度，从而对 EVA 的应用造成了一定的负面影响；第三，EVA 的概念与方法由美国公司提出，某些方面与我国企业的实际状况不符。因此，需根据我国企业的实际情况对 EVA 进行适当调整，只有这样才能使 EVA 真正发挥出作用。

案例 6-3

青岛啤酒股份有限公司通过建立以 EVA 为中心的目标管理体系，将 EVA 与薪资挂钩，重新构造组织结构流程。经过一年的 EVA 绩效评价的实施，青岛啤酒 2002 年盈利水平比 2001 年有了大幅提升，2003—2005 年的盈利水平也是稳步上升。年报显示，该公司 2002 全年实现主营业务收入 69.37 亿元，主营业务利润 21.63 亿元，净利润 2.3 亿元，分别同比增长 319%、38.58% 和 124%。经营现金流量也由 2001 年的 5.3 亿元上升到该年的 11.06 亿元，增长了 108.68 个百分点。每股收益（EPS）为 0.231 元，净资产收益率为 775%，同比分别增加 130% 和 123.34%，并在今后几年也保持了增长。2000 年和 2001 年净利润基本持平，2002 年利润实现了大幅度上升，2002 年后继续保持上升。相应地，在 2002 年 EPS 和净资产收益率也出现大幅增长，这说明公司实施 EVA 绩效评价体系使企业的盈利能力大大增加。

（四）平衡计分卡

平衡计分卡，是指基于企业战略，从财务、客户、内部业务流程、学习与成长 4 个维度，将战略目标逐层分解转化为具体的、相互平衡的绩效指标体系，并据此进行绩效管理的方法。将影响企业运营的各种因素划分为 4 个主要方面，即财务、客户、内部运营和学习与成长等，并针对这 4 个主要方面，设计出相应的评价指标，以便系统、全面地反映企业的整体运营状况，为企业的平衡管理和战略的实现服务。平衡计分卡的主要缺点有：第一，在评价目标的确定方面，尽管平衡计分卡从不同方面关注了客户、员工等利益相关者的利益，但忽略了通过利益相关者分析来认识企业经营目标和发展战略，因而不能准确地确定提高利益相关者满意度的关键动因。第二，在评价指标的选择方面，平衡计分卡对于如何选择特定的绩效考评指标并没有具体展开。正是由于这种因果关系的不明确，导致平衡计分卡遭到了许多的质疑。第三，在评价方法方面，平衡计分卡并没有给出明确每个维度的权重，单个指标的计分方法、企业在运用的时候权重的确定是一个难点。

案例 6-4

中国建设银行依照平衡计分卡，从财务客户、内部经营流程、风险控、学习与成长五个角度设立考核指标体系。财务指标占 35% 的权重，分盈利指标、增长指标两类，其中盈利指标中有本外币存款个人贷款、中间业务收入等指标，反映了个人理财中心的核心业务；增长指标以及主要考察存款、贷款和中间业务的增长情况，反映了传统业务和新业务的发展情况。客户指标中客户忠诚度是一个领先指标，占 25% 的权重，主要通过调研、问卷调查、电话调查等方式完成，其高低反映了今后银行能否有效留住客户；专业性指标主要考查服务工作，该工作现在越来越被客户关注，投诉处理反映了银行内部处理客户投诉的效率，对客户投诉必须引起高度重视，因为一个客户的背后可能有更多的客户甚至优质客户。内部经营指标中客户分流指标考客户通过其他渠道办理业务的情况，占 20% 的权重,它与其后的业务运作指标是一件事情的两个方面,客户分流越多,柜面业务量越少,就能解放出更多的一线柜员走出柜台,到市场上去营销,组织内部要密切关注这两项指标的变动情况,及时调整业务结构和人员安排。风险控制指标占5%的权重,主要考察信贷风险的监测和预警,以及不良贷款管理、资产质量、真实性等情况,及映对资产质量的重视。这些指标对于银行今后的发展以及竞争能力的形成至关重要。学习与成长指标占15%的权重,指标考查了员工、管理人员业务技能学习、工作纪律情况,信息化、科技化程度这些指标对于银行今后的发展以及竞争能力的形成至关重要。

建设银行实施平衡计分卡绩效管理体系以后:1. 内部员工现在能完全领会部门和银行整体的战略部署,员工士气高涨,对企业目标的支持度也都有了很大的改进,对推出的个人理财产品和服务动态的掌握程度也有了长足的进步。员工个人素质得到了快速提高,除了积极参与企业组织的培训外,员工还自觉参加社会培训班。内部运作流程朝着规范化、制度化方向发展,这些改善都是具体的成果。2. 通过采用平衡计分卡管理工具,客户满意度得到了提高,无论是从理财硬件环境上,还是业务处理速度上、反馈意见上,都能够及时、准确、令客户满意。3. 客户资源市场占有率有了大幅度的提高,尤其是优质个人客户资源,在激烈的市场竞争环境中,不但没有流失,反而在增加。

本章参考文献

[1] 张文波. 企业绩效评价重点指标及其方法运用 [J]. 企业改革与管理, 2020 (08): 20-21.

[2] 张昕, 孙雨晴. 基 EVA-BS 的公司业绩评价研究 [J]. 中国管理信息化, 2020, 23 (09): 4-5.

[3] 应海珍. 非财务指标在企业业绩评价体系中的应用 [J]. 财会学习, 2020 (20): 40-42.

[4] 朱吉超. 企业经营业绩的财务评价指标体系研究 [J]. 金融财税, 2020 (17): 188-189.

[5] 沈理荣. 上海国际汽车城产城融合评价研究 [D]. 上海: 上海师范大学, 2019.

[6] 王萌. 中原银行个人客户满意度评价研究 [D]. 兰州: 兰州理工大学, 2020.

[7] 蒋会会. 华北制药综合业绩评价指标体系构建与应用 [D]. 石家庄: 河北师范大学, 2020.

[8] 案例资料均来自百度文库。

第七章 业财融合师职业能力框架

人力资源是 21 世纪最重要的战略资源,随着我国社会主义市场经济和资本市场的发展以及国际化程度的不断提高,企业的各个领域,都需要打破业务和财务的界限,即业财融合。那么业财融合人员(即业财融合师)具备什么样的能力,才能胜任业财融合岗位。这成为亟须解决的问题。而能力框架的研究,是业财融合人员(即业财融合师)职业能力培养的基础。本章在此背景下,研究了业财融合师职业能力框架,具体内容包括业财融合师职业能力框架概述、业财融合师职业能力框架构建、业财融合师职业能力框架解读与实施三个部分。

第一节 业财融合师职业能力框架概述

一、业财融合师职业能力框架概念界定

1. 能力。能力是指"才能和办事的本领",包含两方面含义:一是"才能",这是从人的角度来看能力,指的是人本身所具备的素质能力(capability);二是"办事的本领",这是从"事情"或"工作"的角度来看能力,强调人是否具备胜任某项具体工作的具体能力(competency),即是否称职。

2. 职业能力。职业能力,指专业人员在进行相关工作时所具备的素质和完成工作的能力,是在相关工作中,能够使专业人员达到职业要求,高质量从业所需具备的职业品格、职业知识以及职业技能的集合。

3. 业财融合师。业财融合师是指在会计师和管理会计师的基础上发展来的、推进业务与财务相融合、管理业务与财务的专业人员,是利用相关的信息,依托于一定的财务共

享平台，推进业务与财务相融合，通过预测、决策、规划、控制、防范风险，进而为企业创造价值的专业人员。

4. 业财融合师职业能力框架。业财融合师职业能力是指业财融合师在充分进行业务与财务融合的过程中，所需要的能力、知识、态度、情操的总结，是指导企业开展业财融合活动的能力。而业财融合师职业能力框架是指由专门组织设计的，用于评价业财融合师为履行其职责所需具备的多种能力及达到相应标准而构建的一种能力体系。该能力框架是基于业财融合发展而逐渐形成的，是专业评价业财融合师职业能力的体系结构。

二、业财融合师职业能力框架构建的基本理论

业财融合师职业能力框架是在冰山模型的基础上发展而来。冰山模型是美国著名心理学家 McClelland 于 1973 年提出了一个著名的模型，所谓冰山模型，就是将人员个体素质的不同表现形式划分为表面的冰山以上部分和深藏的冰山以下部分（见图 7-1）。

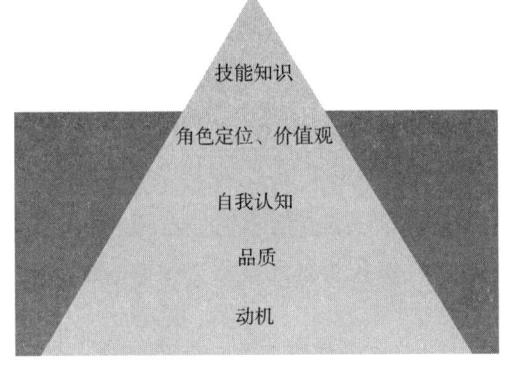

图 7-1 冰山模型

其中，冰山以上部分包括知识、技能，是外在表现，比较容易测量，而冰山以下部分包括角色定位、价值观、自我认知、品质和动机，是人内在的、难以测量的部分。它们不太容易受外界的影响而改变，但却对人员的行为与表现起着决定性的作用。

McClelland 提出，人在工作上要想取得成功，除了应具备职业所需的知识、技能，更重要的是其价值观、品质、动机、自我认知等符合一定的标准，也就是素养，他把这种影响工作业绩的个人条件与行为特征称为胜任能力（Competence），并提出了对工作胜任能力测评的方法。

本章在冰山模型的基础上，构建了业财融合师三维度模型框架，即职业知识、职业技能、职业价值观（见图 7-2）。

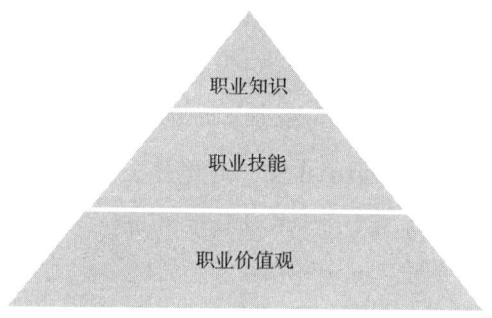

图7-2 基于冰山理论的职业能力三维度模型框架

1. 第一维度——职业知识。职业知识是业财融合师能力结构的核心部分，也是其特色所在。根据业财融合师的工作特点和业财融合理论体系，将职业知识划分为一般知识、信息技术知识、专业知识和综合知识四个方面。

2. 第二维度——职业技能。职业技能是业财融合师职业知识以外的关乎智商、情商、健商的各种能力，它是助力业财融合师更好地发挥职能作用的技能。业财融合师的职业技能包括一般技能、信息技术技能、专业技能和综合技能。

3. 第三维度——职业价值观。职业价值观是一般价值观在职业生活中的具体体现，是同业财融合活动紧密联系的符合业财融合行业特点的职业目标、职业态度、情操与道德品质的总和，它既是业财融合师在业财融合活动中的行为标准，又是业财融合师对社会所承担的责任与义务。

三个维度之间是一体和两翼的关系。如果把业财融合师比作一只雄鹰，职业知识和职业技能是业财融合师事业发展的两翼，职业价值观则是业财融合师持续远走高飞的身躯；没有强大的身躯，两翼只是摆设，而没有两翼，身躯再强大也不能翱翔于天空。

三、业财融合师职业定位与职业价值观

（一）业财融合师职业定位

根据业财融合实践的特点，在业财融合任务完成过程中主要有三种或三个层次的关键角色，包括初级业财融合师、中级业财融合师和高级业财融合师。不同的岗位面对的对象、问题、层次不一样，所担负的工作、责任不同，决策的事项、环境、层级差别很大，因而对能力的要求也不同。

1. 初级业财融合师。初级业财融合师应具备独立处理业财融合信息，完成业财融合工作领域的某项具体任务的能力水平，要求较为系统地掌握一般知识、技术知识和部分专

业知识，能够具备一般能力、技术能力和部分专业能力。在正确的职业价值观的指引下，能够处理采购业财融合、销售业财融合、生产业财融合等领域具体某个关键部位的业财融合。

2. 中级业财融合师。中级业财融合师应具备独立负责并组织开展某一阶段和某种类型业财融合活动、完成相应的一系列工作任务的能力水平，要求在初级业财融合师的基础上，较为系统地掌握业财融合各个应用领域所涉及的专业知识和专业技能，在完成业财融合工作任务过程中，能够整合一般知识、技术知识、专业知识和一般能力、技术能力、专业能力，解决某个领域业财融合实务问题。

3. 高级业财融合师。高级业财融合师应具备很强的领导和组织能力，能够独立开展本单位业财融合各个应用领域的工作及各项任务，要求全面、系统掌握和熟练运用业财融合的高级方法，融会贯通一般知识、技术知识、专业知识、综合知识和一般技能、技术技能、专业技能、综合技能，利用相关专业知识和工具方法，指导、指挥、组织完成复杂的业财融合任务，为单位全面解决问题提供专家意见和专业化的咨询方案，针对单位所面临的新环境和新变革提供前瞻性建议或解决方案。

（二）业财融合师的职业价值观

价值观是一个人能力与知识产生的土壤，业财融合师职业价值观包括遵守法规、掌握技术、职业态度、职业目标等。业财融合师首先要遵守法规，他们必须熟悉国家财经法律、法规、规章制度。中、高级业财融合师应关注国家对于经济体制改革的精神，关注政策变化，即关注宏观政策，把握重大政策出台的背景、意义、原则和理念，以及需要解决的主要问题。业财融合师只有掌握一定的技术，才能在财务共享平台上发挥作用，业财融合师在做到忠诚尽责、勤勉奉献、精益敬业、团结协同、创新进取、诚信从业、严格保密、廉洁自律等的同时结合自身的职业目标，形成业财融合师的职业价值观。关于价值观的相关内容，会在第八章详细介绍，本章下面只介绍职业知识和职业能力相关内容。

第二节 业财融合师职业能力框架的构建

一、构建业财融合师职业能力框架的目标和必要性

业财融合岗位是业财融合师具有一定的职业能力和素养的基础上，依靠信息技术和管

理能力，熟练应用相关财务和业务知识，促进业财深度融合，推动组织战略目标实现的复合型职业岗位。业财融合师要想胜任岗位工作，有必要建立相应的职业能力框架，提高业财融合师自身的综合能力，最终达到为企业创造价值的目标。

（一）业财融合师职业能力框架构建的目标

随着大智移云物区等技术发展，业财融合师被赋予了更多的意义。作为业务与财务融合实施者，在精通财务的同时熟悉业务，才能更好地推进二者融合，发挥其在工作岗位中的创新性、前瞻性、综合性的作用。这对业财融合师提出了更高的要求，即要掌握技能、善于沟通、学会管理、有远见卓识并担当尽责，本章的职业能力框架旨在培养业财融合师复合型人才，更好地发挥业财融合师岗位职责，推动业财融合事业的发展，进而为企业创造更多的价值。

（二）业财融合师职业能力框架构建的必要性

业财融合师职业能力框架构建，是当前宏观经济发展的必然要求，也是企业自身谋求发展的需求，在当前技术大变革的今天，业财融合师被赋予新的使命，执行新的任务，社会对其能力框架也有了新的要求和期待。

1. 宏观环境发展的需要。世界经济进入增速减缓、结构转型的阶段，我国企业面临的国际国内竞争日趋白热化；税收模式和税收环境的变化，互联网技术的不断推陈出新，新业态、新商业模式、新业务不断出现，给企业带来无限的压力；从企业内部角度看，企业内部管理方式不断变化，新型的组织结构和管理理念，要求企业要跟上节奏，要改革，要创新。在此背景下，企业要想生存，必须寻求更多的出路，其中之一就是业财融合。业财融合在这种大背景下，呼之欲出。业财融合的主角即业财融合师，其能力起到了关键性作用，业财融合师只有具备了相应的知识、技能和素养，才能推动业财融合向前发展。要具备相应的能力，首先要构建职业能力框架，为培养业财融合人才奠定基础。

2. 企业创造价值的需要。企业内部管理正在发生巨变，一方面，企业管理方式不断发生变革，企业要建立、完善现代企业制度，从粗放型管理向精细化管理转变，通过流程再造、向管理要效益，激发内部管理活力，增强企业价值创造力。另一方面，企业内部风险意识和风险管理不断强化，内部控制应用的领域不断扩大，风险管理从注重业务事项的事后监督向事前、事中转移。因此，企业面临的经营环境期待企业不断加强管理，通过业财融合能够实现管理合力，充分挖掘管理潜力，实现企业持续健康发展。作为业财融合师，在业财融合的同时，要想实现 $1+1>2$ 的效应，其知识结构、能力要素和价值观之间必须产生良好的互动，即建立完整的业财融合师职业能力框架，才能在业财融合岗位中，推动企业价值的实现。

3. 技术变革和信息化建设的需要。在"互联网+"背景下，基于财务共享平台，加上大智移云物区等新技术的发展，为业财融合提供了土壤和机遇。在大数据给企业带来无限价值的当今经济社会，企业对信息的需求日益突出，加强人才培养的力度，并采取多种措施加快业财融合师的培养，显得尤为重要。业财融合师成为时代发展对业务人才和财务人才的现实需要，如何能够胜任现实工作，需要达到哪些能力和素质要求，这必然需要制定业财融合师职业能力框架，形成规范性体系，从而更好地实现业财融合师自身价值。只有高素质的业财融合师队伍，才能在财务共享的过程中，更好地将业务知识与财务知识融合，发挥业财融合的价值，利用现代化信息技术和互联网带来的福利，为企业创造价值。

二、业财融合师职业能力框架的构建原则和方法

（一）业财融合师职业能力框架的构建原则

业财融合师职业能力框架的构建，旨在培养业财融合复合型人才，本章在构建过程中，遵循了以下几点原则。

1. 适应性原则。21世纪最重要的是人才，经济越发展，越需要高质量的人才，业财融合师作为推动业财融合事业发展的主角，随着我国经济社会的不断发展，经济产值的不断增加，其地位越来越重要，发挥的作用越来越明显，而我国目前正缺乏相应的框架体系。因此，业财融合师职业能力框架的建设对于培养高质量综合性业财融合师具有重要的意义，这一框架的建立，能够助力又快又好地实现我国经济社会的发展目标。

2. 前瞻性原则。全球经济的发展，带来了各行各业的巨变，在此过程中，对人才的要求越来越高，本章设计的职业能力框架，适用于当前经济发展、经济转变和信息技术发展，在知识、能力、素养等方面都富有时代特色，同时应考虑未来一段时间的经济发展和技术进步，即基于前瞻性的原则，考量业财融合人才能力需求。

3. 核心能力原则。不同的行业，不同的企业，不同的业务，对于业财融合师能力的要求不尽相同。因此，构建一个步调完全统一的能力框架可能性比较小。本章建立的框架主要是针对初级到高级业财融合师的核心能力来进行设计，主要目的是提高业财融合师胜任能力，为培养业财融合师提供指导思路。

（二）业财融合师职业能力框架的构建方法

较早对能力框架的研究方法进行研究的是 Hager，Gonczi 和 Oliver（1990），他们辨别了职业界分析职业能力的三种主要方法：（1）分析个体职业人员需要的知识、技能和品

质;(2)根据实际环境,进而鉴定其所需要的知识、能力、态度;(3)按照具体的工作任务、角色定位、岗位职责,配合其所需的知识、能力、态度。

国际会计师联合会(IFAC)在2001年5月发布的《职业会计师的预备及工作:以能力为基础的方法》(征求意见稿)中曾对能力要素法(投入法)和功能分析法(产出法)进行阐述。这也是当前主流的两种分析方法,其中能力要素法(投入法),即在培训和学习过程中,所要具备的知识、能力、价值观,强调为了能在工作岗位上有卓越的表现,而应该获取和培养的能力,着眼于未来,强调能力的主观能动性。功能分析法,聚焦于岗位工作本身,以岗位为中心,以任务为分析单元,以岗位任职者应该承担的职责为核心,对每一项任务和职责进行详细和完全的描述。例如,对职能等级划分为高级、中级、初级,进而对每一级别需要的能力提出要求。在这种方法下,能力是备选项,即从业人员在一定标准下,在特定工作岗位中所需要的才能和技巧。

本章业财融合师职业能力框架的构建,主要采用能力要素法,同时结合功能分析法。以能力要素法为主,功能分析法为辅,构建了网状的业财融合师职业能力框架。

三、业财融合师职业能力框架的内容

业财融合师是在大数据及财务共享、人工智能的背景下产生的,职业能力框架是在结合财务及相关业务能力的基础上发展而来,与会计职业能力框架和管理会计职业能力框架又有所不同,重点突出了其综合性、信息化和职业价值观等方面。根据冰山模型,能力要素划分为职业知识、职业技能和职业价值观,如图7-3所示。

(一)职业知识

《现代汉语词典》对知识的解释为:"知识是人们在改造世界的实践中所获得的认识和经验的总和。"在《辞海》中把知识定义为:"人们在实践中积累起来的经验,从本质上说,知识属认识范畴。"知识是打开人类对世界认知的一扇窗户,有了知识,才有了更好的辨别能力和解决问题的能力。知识是形成能力的前提和基础。知识可以通过受教育的方式获取,也可以从实践中获取,不管通过什么途径获取,最终所有的知识内化成个体的知识结构。知识结构即知识的组成和比例关系,在它们的相互作用下,共同构成了个体的知识结构。每个人的知识结构不同,形成的能力也就不同。

业财融合职业能力框架的职业知识分为一般知识、技术知识、专业知识、综合知识,初级业财融合师、中级业财融合师、高级业财融合师分别由低到高形成自己越来越复杂的知识体系。

业财融合概念结构

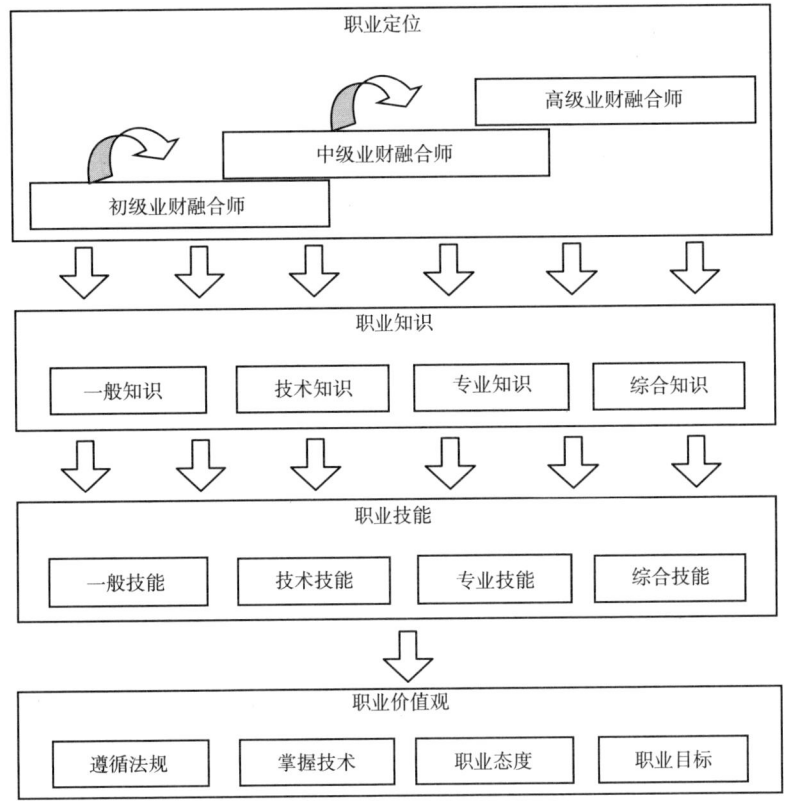

图 7-3 业财融合师职业能力框架

(二) 职业技能

职业技能以知识为基础,它是由错综复杂的知识结构,经过长期的积累和沉淀,通过特定的环境中表现出来的解决问题的才能和技巧。

业财融合职业能力框架的职业技能表现为一般技能、技术技能、专业技能和综合技能,初级业财融合师、中级业财融合师、高级业财融合师分别由低到高掌握更多的技能,进而胜任不同层次业财融合师岗位。

(三) 职业价值观

职业价值观是一切能力的基础,包括遵守法律法规、掌握技术、职业态度、职业目标。它是形成业财融合师职业能力的基调,构成了业财融合师职业能力的基础色彩。它是一种境界,在这种境界下,利用掌握的职业知识和职业技能,业财融合师开展业财融合活动,才不至于出现造假、丑闻,或者其他违背职业良心的事件。良好的职业价值观可以为业财融合师事业的发展保驾护航,保证业财融合师从社会利益和职业利益角度出发进行职业判断、履行工作职责。

总之,职业价值观是基础,在此基础上,结合业财融合师所具备的职业知识和职业技能,共同构成了职业能力框架体系。

第三节 业财融合师职业能力框架解读与实施

根据业财融合师职业能力框架,本节对职业知识、职业技能和职业价值观进行更充分的阐述,更详细地指导业财融合师职业的发展和能力的培养。其中,职业价值观的讲解重点放在第八章,本节不再赘述。

一、业财融合师的职业知识

根据业财融合师职业能力框架,业财融合师职业知识,包括一般知识、信息技术知识、专业知识和综合知识,见图7-4。

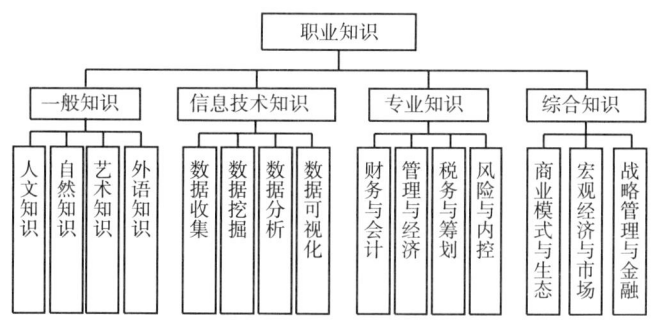

图7-4 业财融合师职业知识框架

(一) 一般知识

业财融合师应具备一般知识。何为一般知识?具体来说,就是不随科技发展变化而变化的知识,虽然其他知识在更新,但一般知识不会有变化。而一般知识是知识更新的原动力。知识的更新依赖于扎实的一般知识。有了扎实的一般知识,才能为知识更新提供土壤,才能有较强的随机应变能力和无师自通能力。只有知识面宽广,才能举一反三,很快地吸收新知识,获得创造力。有深厚文化基础,丰富的人文知识、自然知识、社会伦理知识，才能够更快、更有力地作出决策，才能进行有效的沟通、交流，具备独立的逻辑思维能力，更容易掌握技术、进行判断、创造价值。所以，职业能力框架要求业财融合师应有深厚扎实的基础知识和广阔的知识面。业财融合师应具备的基础知识主要包括人文知识、自然科学知识、艺术知识、外语知识等。文学、历史、地理、数学、经济、艺术等，都有助于业财融合师理解其与其他专业之间复杂的相互依赖关系，并有助于与各种不同层次、不同知识背景、不同时代的人交往。例如，人文科学知识有助于陶冶情操，培养健全的人格，树立正确的世界观、人生观、价值观，更好地促进业财融合师掌握专业能力，自然科学知识有利于培养业财融合师的逻辑思维能力和探求本质的能力，外语知识，在当今世界的交流中，有着举足轻重的作用，大量的外贸函电、信息文本、数据资料，更加凸显出外语的重要性。

基础知识的掌握有利于业财融合师全面素质的提高，业财融合师全面素质的提高又有利于提高其专业发展潜力。在竞争不断加剧的社会经济环境中，业财融合师应努力拓宽专业视野，熟悉相关学科知识。在实际调研中发现，初级业财融合师向高级业财融合师转换，基础知识是否宽广、深厚更为重要。

（二）信息技术知识

信息技术的发展促进了业财融合师这一职业的诞生，业财融合师不仅要能运用信息系统、熟练掌握IT控制技术，还应在设计和管理信息系统中发挥重要作用。只有充分利用大数据技术，掌握数据挖掘、数字处理、数据分析、数据可视化等技术，基于财务共享平台，结合当前的区块链技术和数据货币，才能促进业务与财务的融合，进而为企业创造价值。未来新技术、新观念将贯穿于新的商品交易和商品结算过程中，促使业财融合师的知识不断更新。业财融合师必须懂得信息技术、网络技术、软件开发与设计、软件操作等一系列新的知识。越高层次的业财融合师对信息技术知识的要求越高。初级业财融合师可能只要掌握基本的软件应用知识，而高级业财融合师则要提出信息系统设计的思路，开发新的共享平台，整合数据资源。

（三）专业知识

专业知识是业财融合师岗位区别于其他岗位的专业知识体系，业财融合师具有很强的专业性。虽然在财务共享和人工智能环境下，专业壁垒在逐渐降低，但其高精的专业知识，是不可能被取代的。只有具备扎实的专业功底，才能在决策中作出正确的判断，专业知识包括财务与会计、管理与经济、税务与筹划、风险与控制等。初级业财融合师只需要具备基本的财务与会计、管理与经济、税务知识等，高级的业财融合师则需要具备筹划和风险控制等知识。

(四) 综合知识

综合知识是具备系统、全面、客观分析并能运用到实际业财融合工作、协调等领域的知识体系。掌握综合知识的人群，对于问题的处理与解决，能够从系统、全面的角度来分析，有利于对各种现象本质的揭示。业财融合，实际上是从管理的角度做财务，基于财务的数据进行管理，用数据来打通企业的全面管理。这必然对业财融合师的综合知识提出了更高的要求。业财融合师，要从组织战略、经营计划与预算、商业模式与生态、宏观经济与金融等方面打造自己的更高层次的知识体系。高级业财融合师更需要这些综合知识，他们是企业业财融合方向的引领者、掌舵者，只有站得高，才能看得远，而高度首先来自知识的综合性。

二、业财融合师的职业技能

根据业财融合师职业能力框架，业财融合师职业技能，包括一般技能、信息技术技能、专业技能和综合技能（见图7-5）。

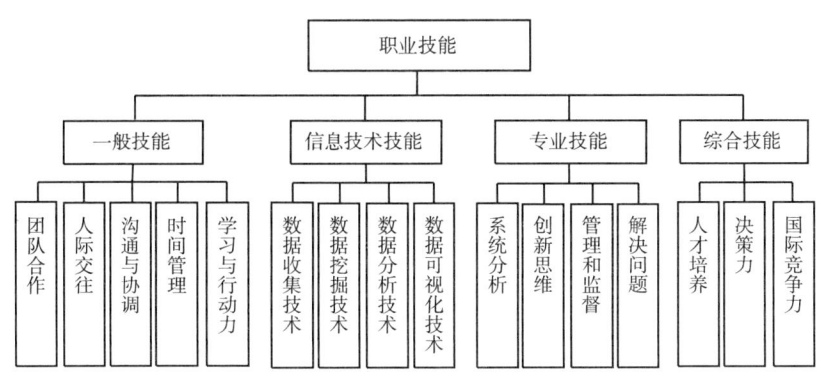

图7-5 业财融合师职业技能框架

（一）一般技能

业财融合师具备的一般技能包括团队合作、人际交往、沟通与协调、时间管理、学习与行动力。在高速运转的工作环境下，团队成为主要的作业方式，现代企业的成功更加依赖于整个团队的表现，业务与财务的融合，绝对不是一个人的力量可以解决的，必须发挥团队的合力。尽管有岗位分工，但有分工也有合作，业财融合师作为连接业务与财务的枢纽，在此过程中必然更加注重团队合作。人际交往能力实际上就是与他人相处的能力，业财融合师扮演多种角色，既是财务人员、业务人员，又是管理人员、监督人员；既与企业内部各个业务岗员工打交道,又与领导对接,还要和企业外部的其他企业、银行、工商、税务、事务所、债权人、投资者等进行沟通,因此,具备人际交往与沟通协调能力,显得尤为重要。同时,在数字化的今天,企业飞速运转的模式下,业财融合师良好的时间管理技能,能为企业带来高效率的运转,改革的深化也使业财融合师应面对不断变化的制度、准则及层出不穷的新事物和新业务。面对巨变的经济环境和压力,业财融合师要有效地运用时间,提高工作效率。另外,还要掌握信息技术和准则制度的新变化,不断地学习与成长,力争在相同的时间里做更多的事,成为一名出色的业财融合师。

(二) 信息技术技能

大数据时代,信息具有大量、多样、快速和真实性的特点,大数据已经成为一种信息资产,掌握数据挖掘、数据分析、数据可视化技术必不可少。业财融合师的主流发展,是每天通过发生的各种业务,挖掘和分析出各个部门和人员需要的数据,进而辅助领导层作出更适合于企业的决定。所以,在知识高速发展的时代,业财融合师的挖掘、整理和分析信息的能力尤为重要。

(三) 专业技能

专业技能是业财融合师利用专业知识,系统分析问题、解决问题、创新思维、管理和监督的技能。业财融合师,首先要具备系统分析问题的技能,包括挖掘数据、评估数据、分析商业和财务数据,系统分析和评论,运用成熟的分析模型支持决策。中、高级业财融合师应该在分析本单位数据的基础上,对宏观经济、产业政策、金融市场等进行分析。良好的解决问题能力,是以不变应万变,能从错综复杂的变化中,分析原因,找出解决对策,及时作出合理的决策。创新思维及能力在业财融合过程中起着指导和调节的作用,业财融合工作不同于会计工作,在具体工作中,可能遇到的问题是需要以创新性的思维方式去解决的,这需要中、高级业财融合师具备这样的技能,进而作出有价值的决策。同时,业财融合师是财务工作与业务工作的有机结合的推动者,其本身就是为了履行相应的管理与监督职责,所以,中、高级业财融合师更应该具备管理与监督技能。

(四) 综合技能

综合技能包括决策能力、人才培养能力和国际竞争力。决策能力是指根据既定目标或出现的特定问题,运用综合分析能力,针对问题,分析原因,找出合理的对策,进而作出最优行动方案的能力。高级业财融合师角色的转换决定了他们必须具备决策能力。高级业财融合师不仅是企业的业财融合者,还是企业的领导者。高级业财融合师作为领导者,为了正确、快速进行决策,他们必须建立团队、整合团队、领导团队,要善于挖掘人才、培养人才、用好人才,最大限度地发挥他们的作用,这就需要其具备人才培养的能力。高级业财融合师在参与企业决策的过程中,应具备发散性、开创性思维,在实践中不断推陈出新,打破原有的工作模式,大胆用人,充分信任并激励人才,挖掘人才价值。

除此之外,业财融合师所具备的职业技能,随着经济的发展而不断变化,不是一成不变的,高级业财融合师所需要的技能会越来越多,对其要求会越来越高。

三、业财融合师职业能力框架的实施

(一)在流程再造中实现业财融合,提升业财融合师职业能力

业财融合是一个系统的管理体系,需要顶层设计,不是简单的业务与财务的融合,如果没有从流程上重新梳理,业务与财务还是不能做到真正融合,继续"两张皮"的状态。所以,要求企业从上到下,进行流程再造,人员重新配置,流程重新梳理,组织架构重新调整,规章制度重新制定,资源重新配置,建立相应的管理体系、风险控制体系、业务运行体系,进行流程再造,设立业财融合部门,进而给业财融合师搭建发挥其价值的平台,提升职业能力。

(二)组织保障为业财融合师能力提升保驾护航

业财融合是打破原来的管理制度与流程,真正实现业务与财务的重组,这就要求原来的业务人员与财务人员,在此过程中,首先从观念上融合,即业务人员要理解财务人员,财务人员理解业务人员,互相取暖,考虑彼此处境。这时,企业组织好宣传贯彻、信息反馈显得尤其重要。让每一位参与者都了解自己的职责和使命,同时,建立有力的组织保障体系和责任考核体系,以强有力的措施推动方案实施,树立业财融合的信心和理念,建立完善的沟通机制,使信息沟通和反馈顺畅,及时了解业财融合师面临的问题。在此过程中,通过大力组织人员培训,明确业财融合师要做什么,怎么做,如何做得更好更优,业财融合师具备什么能力和知识,对业财融合师进行宣传,提高其地位,增强使命感,提升其职业能力。

(三)建立岗位责任体系,促进业财融合师能力的提升

要想业财融合不流于形式,真正实现业务与财务融合,必须建立有责必有权、责权相统一的岗位责任体系,明确业财融合师应该做什么,可以做什么,赋予业财融合师相应的

权利，才能更好地激发其内在驱动力，使其在工作岗位中，独立自主发挥作用，能够独当一面，通过业财融合部门，实现资源整合，达到企业价值最大化的目标。例如，企业可以设置业财融合岗，或者业财融合部门，明确岗位职责，建立相应的部门管理制度，打破部门壁垒，充分调动业务财务融合积极性，进而提升其职业能力。

（四）在跨界学习中促进职业能力的提升

所谓"跨界学习"，是指跨出本位，向外界学习并寻求多元素交叉的学习方式。通俗地说，跨界学习就是通过向外界学习，得到更多的思想碰撞，跨界是非常广义的，包括跨行业、跨领域、跨文化甚至是跨时空。古今中外、现在与将来、工业与商业、国企与民营、重工业与轻工业，交叉得到创新。业财融合师跨界学习的目的，就是培养持续引领商业创新和价值创造的业财融合人才。例如，商业企业业财融合师可以向服务业业财融合师学习、某银行业财融合师向工业企业业财融合师学习等，这都属于跨界学习的范畴。业财融合的每个企业可能方式方法不尽相同，遇到的问题也会不同，但通过学习及灵活运用，能够解决本企业存在的问题，因此跨界学习是促进业财融合的好办法，是通过学习提高业财融合师职业能力的有效方式。

（五）加快发展学历教育和后续教育

业财融合师是一种综合能力较高的人才，在业财融合过程中如何更好地发挥作用，其学历教育显得尤其重要。在高等教育中，以培养复合型业财融合人才为目标，在此目标下，设置业财融合相关课程体系，包括专业课程、教材结构，改革教学方法与手段、加强实践教学，构建目标驱动型课程体系，拓宽学位；建立职业准入制度，如设置业财融合师考试；加强和规范后续教育，改革后续教育的方式，随时随地、时时刻刻都能学习，聘请业界专家进行专题讲座，及时为业财融合师补充能量，鼓励业财融合师继续参加在职教育。

本章参考文献

[1] 许萍. 会计人员能力框架问题研究 [M]. 厦门：厦门大学出版社，2010.

[2] 潘玥. 信息化环境下会计人员能力架构研究 [D]. 沈阳：沈阳大学，2018.

[3] 季泓池. 长春市会计人员能力框架研究 [D]. 长春：吉林大学，2014.

[4] 赵梅香. 会计信息化人才职业胜任能力框架构建 [D]. 太原：山西财经大

学，2015.

[5] 许萍，曲晓辉. 高级会计人才能力框架研究 [J]. 当代财经，2005 (11)：101-105.

[6] 彭宏超. 2019 "IMA 管理会计能力框架"分析及评价 [J]. 金融会计，2019 (05)：26-34.

[7] 余新培，韦馨. 管理型会计人才能力框架研究综述 [J]. 文化创新比较研究，2020，4 (02)：7-8，11.

[8]《管理会计师职业能力综合》编写组. 管理会计师职业能力综合 [M]. 北京：经济科学出版社，2020.5

[9] 彭宏超.《IMA 管理会计胜任能力框架》解读 [J]. 财会月刊，2017 (04)：113-116.

[10] 彭宏超. IMA 管理会计能力框架：内容分析及评价 [J]. 中国注册会计师，2017 (02)：51-55.

[11] 刘玉廷. 全面实施我国会计人才战略 [J]. 会计研究，2010 (03)：5-11.

[12] 贾茜. "CGMA 管理会计能力框架 (2019)"变化评析 [J]. 财会通讯，2020 (13)：156-160.

[13] 彭宏超.《全球管理会计原则》：管理会计概念框架研究的新突破 [J]. 财会月刊，2015 (25)：80-82.

[14] 赵婉迎. 浅议业财融合在企业管理中的作用及实践应关注的问题 [J]. 中国管理信息化，2019，22 (06)：44-45.

[15] 潘玥. 信息化环境下会计人员能力架构研究 [D]. 沈阳：沈阳大学，2018.

[16] 管理会计要以业财融合为核心 [J]. 中国总会计师，2017 (02)：144-146.

[17] 冷继波，杨舒惠. "互联网+"背景下业财融合管理会计框架研究 [J]. 会计之友，2019 (12)：19-23.

[18] 王梦媛. 业财融合管理会计框架研究——基于"互联网+"背景 [J]. 中国注册会计师，2020 (01)：107-110.

[19] 鲁啸军，杨颖. 业财融合下管理会计转型的战略路径探讨——基于蒙牛集团的案例研究 [J]. 财会通讯，2020 (11)：166-171.

[20] 人才队伍建设——企业可持续发展的关键动力 [J]. 中国物业管理，2017 (09)：6-7.

第八章 业财融合师职业道德

社会经济发展的历史表明，市场经济既是竞争经济又是法制经济，还是伦理道德经济。在财务共享平台下，企业开展业财融合已经成为一种趋势，而大数据时代下的业财融合，面临着新的变革，在职业道德方面呈现出新特征，产生了新的职业道德问题。为此，本章在前面章节的基础上，讨论业财融合师职业道德相关问题，从业财融合师职业道德概述、业财融合师职业道德规范的内容和业财融合师职业道德机制三方面进行阐述。

第一节 业财融合师职业道德概述

一、业财融合师职业道德相关概念界定

（一）道德

道德是一定社会为了调整人们之间以及个人与社会之间相互关系所倡导的行为准则和规范的总和。道德以善良、诚信、客观、公正等来评价人们的行为，逐步形成正确的价值观念，养成良好的习惯和意识，进而更好地指导人们的行为。从本质上讲，道德是一种由社会经济关系决定的、从属于上层建筑的社会意识形态。道德的内容又受社会经济关系的制约，社会经济关系决定了道德的内容、性质、体系、导向、目标。社会经济发展了，道德也会随之变化。不同环境下，道德的体系和内容有所不同。适应不同经济环境的道德意识，反过来作用于经济社会，指导经济社会的发展。

(二) 职业道德

职业道德就是在一定职业活动中所应遵守的且具有自身职业特征的道德原则和规范的总和①。职业道德规定人们在从事自己职业的过程中必须遵循一定的道德规范，规定人们应该做什么，不应该做什么，应该怎样做，不应该怎样做。总之，职业道德就是从伦理道德上规范人们的言行举止，完成本职工作。

(三) 业财融合师职业道德

近几年来，职业道德问题成为社会关注的焦点，根据以上定义，业财融合师职业道德可以归纳为在业财融合执业活动中应遵循的、体现职业特征的、调整职业关系的道德原则和规范总和。

二、业财融合师职业道德的特征和作用

业财融合师职业道德规范是根据业财融合师这一职业特点，对业财融合师在社会生活中的业财融合行为所提出的道德要求。业财融合师职业道德，是在业财融合实践中形成的，具有其自身的特征和作用。

(一) 业财融合师职业道德的特征

1. 社会性。它是在业财融合实践中逐渐自发形成的，具有较强社会性，是业财融合职业行为的公德，被广泛认同和接受。任何一种职业，都有本行业的职业道德，业财融合师也不例外，业财融合师作为一种职业，要想延续下去，必要有其配套的职业道德，对其行为进行约束，而且这种行为要得到社会的认可，方能发挥其道德约束作用。

2. 自律和他律相统一。业财融合师的道德是自发形成的，是业财融合师职业要求和自我约束的必然，同时也是他律作用的结果。他律即外部要求，这种外部要求构成一种外部压力和特殊环境，通过内化，构成从业者的理念和独特的品格。业财融合本身是财务与业务发展到一定程度的要求，在财务共享背景下，业财融合师本身超脱于会计师和业务人员，其综合素养优于二者，而社会对业财融合师提出了更高的道德要求，外部环境对其有更多的期待和约束，在这种双重约束下，业财融合师形成了自己独特的道德体系。

3. 技术性与保密性。业财融合师职业道德是对业财融合师职业的规范。业财融合师

---

① 叶陈刚，刘凤明，栾广斌. 会计职业道德 [M]. 北京：经济科学出版社，2019.9.

职业具有很强的技术性，如大数据挖掘技术、数据清洗技术、数据分析技术等，因此业财融合师道德规范必然要体现技术的层面。此外，在大数据和财务共享下，信息就意味着价值，因此必然对保密性有更高的要求。

4. 协同性。业财融合师是在会计师和业务人员的基础上发展来的，既懂财务又了解业务，这必然要求其在执业过程中，要团结协同，形成合力，发挥其特有的协同效应，因此，协同性是其职业道德的特色。

5. 更关注公众利益。业财融合师的业务领域非常广泛，每一个业务都需要业财融合，进而业财融合师与社会公众利益的关系更紧密，业财融合师在遵守业财融合师职业道德的过程中，往往会受到利益因素的驱动。当个人利益和经济主体利益与国家利益和社会公众利益出现矛盾时，业财融合师应如何避免道德危机，这很显然需要业财融合师以国家利益和社会利益为重。因此，要求业财融合师客观公正，在业财融合师职业活动中，发生道德冲突时要坚持准则，把社会公众利益放在第一位。

（二）业财融合师职业道德的作用

职业道德对于调节业财融合师面临的各种内外关系、规范业财融合师的职业行为、提高业财融合师的职业素养和执业水平都具有非常重要的意义。

1. 调节作用。业财融合要为业务与财务融合负责，实现 1+1>2 的效应，进而创造价值。为了履行上述职责，就必须实行融合，打破专业限制，让财务渗透进业务中，在业务中同时考虑财务问题。而实施业财融合的根本则是对人的行为的控制。所以，业财融合活动往往涉及人与人之间的关系，而这种人与人之间的关系很多都涉及道德问题。业财融合师职业道德调节功能主要体现在以下两个方面。

第一，调整职业内部人与人之间的关系。职业道德是一种约束，这种约束在某种程度上意味着底线。业财融合师之间，业财融合师与上级管理者之间，在道德规范的约束下，如果各个岗位职责互相透明，就能避免不必要的冲突和矛盾的发生，促进单位内部有机协调发展；第二，调节职业内部与职业外部之间的关系，业财融合师不可避免地与单位的客户、投资者、债权人、税务部门、会计师事务所等外部组织对接，由于职业不同，所需信息的对象不同，对信息的质量等都有不同要求，而业财融合师又掌握着企业大量的信息、技术包括商业机密，这时候需要职业道德来规范和约束，并调节他们之间的关系，使业财融合师占据立场，面对矛盾和冲突时，能做到有章可循，有据可依，进而化解矛盾。

2. 规范作用。业财融合师职业道德规范了业财融合师的职业行为，它可以帮助业财融合师对本职工作准确定位，限制业财融合师的越轨行为，按照道德规范来从事这项工作，可以少走弯路，提高工作效率。在面临进退两难的抉择时，业财融合师通过了解职业道德规范内容，有助于树立正确的职业观，坚定自己的立场和信念，进而摆脱困境，找到出路。

3. 导向作用。业财融合师职业道德在一定程度上为业财融合师树立了一种形象，每位业财融合师都对照道德规范的内容，把高尚的道德要求变为内心信念，逐渐养成良好的道德习惯，形成优良的道德品质，提高业财融合师自身素质。在这个过程中，职业道德就像树立了一个榜样，榜样的力量是无穷的，榜样就意味着向导，一个好的向导，能够在职业发展过程中起推波助澜的作用，指引业财融合师高尚品质的形成，从而深刻地理解人生的意义，确立人生的目标，追求人生的真正价值。职业道德规范为业财融合师不断提高自身素质确立了目标，业财融合师可以以职业道德规范为主导，不断完善自己，做一名合格的业财融合师。

第二节 业财融合师职业道德规范

业财融合是在精益管理和财务共享的背景下产生的，业财融合师不同于以往的会计人员、管理会计人员，其职业道德有自身的特点，特别关注精益敬业、团结协同，在此基础上促进业务与财务的深度融合，进而创造企业价值。业财融合师职业道德规范包括忠诚尽责、勤勉奉献、精益敬业、团结协同、创新进取、诚信从业、严格保密、廉洁自律八个方面。

一、忠诚尽责

忠诚尽责要求业财融合师正确认识业财融合师职业，认识业财融合师职业特点，通过做好业财融合工作创造价值，忠诚于本单位，敬畏业财融合职业，在业财融合岗位中，履行岗位职责，忠于职守，尽职尽责，避免实施任何对履行职业道德责任有害的行为。

忠诚是业财融合师最基本的要求，与会计基本假设中的会计主体假设一脉相承，忠诚原则要求业财融合师以主人翁的态度，在自己的岗位上忠于职守，尽可能地为国家和企业创造和积累更多的财富，严于律己，不以权谋私，不贪赃枉法，不见利忘义，不出卖国家和企业。

业财融合师，是个比较特殊的职业，在业务与财务融合的过程中，会涉及单位的商业机密，由于手上具备一定的管理权，当职业权利到达一定层次时，容易借助权利，假公肥私，此时，需要培养良好的职业道德修养，培养职业情感，树立忠诚尽责的职业道德信念，以坚持原则、持之以恒和坚忍不拔的态度和精神，排除一切干扰和阻力。

要做到忠诚尽责，一是需要培养职业忠诚度，珍爱集体，以为集体奉献为荣，视集体的事为自己的事，培养对集体的道德感情。二是珍爱自己的名誉，珍惜自己的岗位，有做人的尊严和骨气，有高尚的情操和品质，自觉抵制各种不正之风的侵袭。

业财融合师不仅要尽职尽责地履行其职能，客观真实地记录反映经济活动状况，负责资金的有效运作，积极参与经营和决策，推动业财融合，挖掘企业价值，而且应抵制不当的行为，防止侵占资产，保护财产安全完整。在对企业忠诚与国家及社会公众利益发生冲突时，业财融合师应该忠实于国家、忠实于社会公众，承担起维护国家和社会公众利益的责任。

二、勤勉奉献

勤勉奉献，是指业财融合师在工作岗位中，应担起责任，勤奋负责，以兢兢业业和踏踏实实的工作态度做好业财融合岗位工作。

勤勉奉献要求业财融合师勤奋工作，通过自己的劳动把业务与财务融合起来，发挥业财融合师的职能作用，业财融合师最大限度地把业财融合责任负担起来。主动学习新知识，了解新环境，掌握新信息，对于可疑或重大的事项，应该保持足够的警惕，自觉加强自身的品德修养，在专业人员中起表率作用。

经济越发展，会计越重要，业财融合也越来越重要，只有把业财融合工作做好，才能在经济发展中发挥越来越重要的作用。把业财融合工作做好，需要业财融合师具备热爱本职工作、勤奋工作的劳动态度，只有这样才能发挥业财融合的管理职能。业财融合师应当做到自觉把业财融合工作同企业的命运联系在一起，在大智移云物区发展的今天，知识更新不断加快，业财融合师必须从全新的角度开展业财融合理论与方法的研究，智能财务、共享财务和区块链技术的交叉融合，加上数字货币的兴起，业财融合师要立足本职工作，并适时地研究新的问题，开创新的方法，运用新的技术，结合新的知识，这本身就需要业财融合师勤勤恳恳的工作态度和乐于奉献的精神。

三、精益敬业

精益敬业，是指业财融合师应当倡导工匠精神，精益求精，敬重业财融合职业，对工作严肃认真，一丝不苟。

精益，即精益求精，已经很好了，还要求更好。国务院总理李克强在 2016 年 3 月 5

日的政府工作报告中提到，鼓励企业培养精益求精的工匠精神。敬业也是对事业、工作、学习的一种敬重的感情，反映了个人对工作的一种积极的、充分思考并发挥创造性的态度。

业财融合师，作为业务与财务的融合者，延续会计的工作状态，在工作过程中，容易形成墨守成规、安于现状的不良情绪。实际工作要求业财融合师开创思维、开动脑筋，以巨大的热忱投身融合工作，才能做到精益求精，尽职尽责。

业财融合工作涉及的内容非常丰富，包括企业的投资、筹资、采购、生产、销售、预测、决策、控制，从库存现金、财产物资、工资薪酬、成本费用、债权债务、固定资产、财务成果和销售往来，涉及企业所有的业务岗及相关的财务岗。在大数据发展的今天，对相关信息的需求数量和质量，都有了更多更高的要求，从初级业财融合师到高级业财融合师，任何一个岗位，都影响着整个数据的质量，可谓牵一发而动全身。大数据信息具有时效性、全面性、综合性、复杂性的特点，这更要求业财融合师以积极饱满的态度，精益求精、严谨求实的工作作风，在各自的岗位上发挥出自己的作用。

为了更好地增强精益敬业意识，业财融合师需要在平时的工作中，加强业务学习和理论更新，不断提高自身业务素质，学习国家的法律法规和行业规范，加强职业道德教育，增强使命感、责任感，培养一丝不苟、精细严谨的职业习惯。每一个业财融合岗，都构成整个组织系统的一个节点，健全岗位职责，定岗定员，各司其职，各尽其责，相互牵制，切实做好业财融合师分内工作。

四、团结协同

团结协同，是指业财融合师在参与管理与决策，融合业务与财务的同时，与其他业务人员，克服职业与专业上的困难、克服管理冲突带来的困难、克服显性或隐性利益冲突带来的工作困难，协调各方利益冲突，团结协作，共同为企业创造价值。

业财融合师的工作涉及方方面面，从实物的流转、采购、生产、销售到货币资金、债权债务、固定资产，从筹资到投资，从企业的所有者到每一个员工，从银行、税务部门、工商部门，到单位内部的仓库、生产车间、研发部门、管理部门，这些都会有业财融合师的身影，他们身兼数职，跟各种部门协同合作，利用业财合力，创造价值。如果业财融合师单打独斗，自己埋头苦干，不肯与他人合作，势必影响整体工作的推进，精诚合作的"团队精神"是业财融合师发挥自身价值的法宝。

团结协同发挥更大的效应，需要通过以下几个方面：第一，营造和谐的工作氛围，建立良好的信赖关系。业财融合工作处于企业工作的中间岗位，从企业内部员工到企业外部的客户，都跟业财融合工作有着密切的联系，良好的工作氛围，能够促进大家形成合力，创造更大的价值。第二，有着积极的工作态度，才能去主动解决问题，寻求帮助，增强团结协作意识，产生协同效应。第三，对业财融合师的绩效考核，通过树立榜样，树立典型，在工作中形成良好的你追我赶的工作氛围，适当的竞争关系，能够在一定程度上促进团结协同效应的产生。

五、创新进取

创新进取，是指业财融合师具有不断学习提高技能的意识和愿望，掌握科学的学习提升方法，将提升付诸行动的执行力，不懈怠，追求发展，积极进步，为了发展的需要，运用已知的信息，不断打破常规，发现或创造某种新颖的、独特的方法、手段、技术、理念或者模式等。

创新是当今社会的主旋律，创新是一切进步的源泉。唯有创新，才会有进步，唯有转变思维方式，创新观念，才能在竞争中立于不败之地。业财融合就是技术创新发展到一定程度的产物，财务共享为其提供了发展平台，大智移云物区为其提供了技术支持，业财融合在技术的海洋里成长起来，如果不能够及时创新，拥抱新技术，势必会在技术改革的潮流中搁浅，因此，业财融合师要有创新进取意识。

业财融合师保持创新进取的精神，主要通过以下几个方面：第一，思维方式创新。业财融合师思维方式应该由经验型转变为学习型，由单维型转变为多维型。第二，融合方法创新。找准主攻方向，寻求工作的突破口，大胆涉足"盲区"，探索促进业财融合的新方法，业财融合师只有找准了方法，才能推动业财融合的进步。第三，积极拥抱新技术。利用互联网和现代信息技术，积极稳妥地利用现代信息技术手段为业财融合服务，推动业财融合在新的领域取得新的突破。

六、诚信从业

诚信从业，是指业财融合师不弄虚作假，不为利益或其他目的而造假，实事求是，无隐瞒，不为谋取私利或其他目的而人为选择信息或有选择性地工作。

诚实是指言行思想一致，不弄虚作假。守信是指遵守自己所作出的承诺，讲信用，重信用，信守诺言是做人的基本准则，也是业财融合师职业道德的精髓。诚实与守信具有内在的因果联系，一般来说，有诚无信，道德得不到传承，有信无诚，道德失去根基。诚实守信相依相成。

在现代市场经济社会，诚信尤为重要。市场经济注重信用、注重契约，信用是市场经济良性循环和发展的前提,是市场经济赖以生存的基础,诚实守信也是业财融合师职业道德的基本工作准则。

诚实守信的基本要求有:业财融合师言行一致,表里如一,光明正大。说老实话,不夸大,不缩小,不隐瞒,如实反映和披露单位经济业务事项。办老实事,工作踏踏实实,不弄虚作假,不欺上瞒下。总之,应言行一致,实事求是,如实反映单位经济业务活动情况,不为个人和小集团利益,损害国家和社会公众利益。

七、严格保密

保密原则,是指业财融合师在工作岗位中,严格保守商业机密,不得以权谋私,泄露商业机密,包括下列几种情况。

第一,对业财融合工作中所获取的信息保密,除非有效授权、法律规定或其他合法事由,否则不得披露。

第二,告知所有相关人员正确使用涉密信息,履行保密义务,警惕非故意泄密的可能性,严格监督以确保合规。

第三,禁止利用工作时获取的信息牟取不正当利益,或者以有悖于法律法规、组织规定及职业道德的方式使用信息。

商业秘密是指不为公众知悉,能为权利人带来经济利益、具有实用性并经权利人采取保密措施的技术信息和经营信息。商业机密至少应具备秘密性、实用性、价值性和管理性这四个特征。保守秘密一方面是指业财融合师要保守企业自身商业机密;另一方面也包括业财融合师不得以不合法和不道德的手段去获取他人的商业秘密;还包括利用自己已经掌握的信息,为自己或者他人谋取利益。这也是市场经济条件下公平竞争的内在要求。为了一己之利,就损害公司或者企业单位的形象,泄漏商业机密,其结果则是导致不道德的竞争,不利于市场经济的良性循环,也会给整个业财融合界的职业道德造成恶劣影响。一个恶意窃取他人机密的业财融合师无法保证其诚实守信、忠于职守、勤勉尽责。泄露单位的商业秘密是一种很不道德的行为,业财融合师应有保密观念,在任何时候、任何情况下都不能对外泄露,除非有法律法规允许,为此,业财融合师应尽可能地做到以下四点。

1. 仅在自己的职权和业务涉及的范围内了解有关财务及经营信息,不能以工作名义了解不相关信息,并为己所用。

2. 未经单位领导同意,不得向外散布有关的财务和管理信息。

3. 不为任何利益诱惑,坚决维护企业利益,坚持原则。

4. 不得窃取其他单位的商业秘密。

八、廉洁自律

廉洁是指不收受贿赂，不贪污腐败，保持清白，洁身自好。自律是指业财融合师按照一定的道德准绳，约束自己，控制自己的言行举行，让自己时时刻刻头脑清醒，不触犯道德底线。廉洁自律是业财融合师职业道德的前提，也是业财融合师职业道德的内在要求。

业财融合师必须廉洁自律。作为天天与企业资金打交道的关键部门人员，其思想观念发生任何不良的动摇，都会对企业产生影响，也可能会让业财融合师身败名裂，因此，业财融合师必须两袖清风，不取不义之财，正确履行业财融合师职责，保证各项经济活动正常进行。自律的核心就是坚持正义，坚守道德底线，用思想准绳时刻约束自己，本身就是业财融合师综合素质的高度体现。

业财融合师的廉洁是业财融合师职业道德自律的基础，而自律是廉洁的保证。自律性不强就很难做到廉洁，不廉洁就谈不上自律。业财融合师必须既廉洁又自律，二者不可偏废。

廉洁自律的基本要求有：

1. 树立正确的人生观和价值观。廉洁自律，首先从树立正确的人生观、价值观做起。正确的人生观，让业财融合师明白，人生的意义在于为社会和他人奉献，而不是一味索取，正确的人生观引导业财融合师发挥自身价值，拥有奉献精神，积极为他人作嫁衣，丰富自己的精神世界，就不会只考虑自己物质的享受；正确的价值观，让业财融合师明白，金钱只是身外之物，不要沦为金钱的奴隶，树立君子爱财取之有道的理念，帮助业财融合师远离不义之财，自觉抵制违法犯罪。

2. 公私分明，不贪不占。在工作中，大量的钱财要经过业财融合师之手，很容易诱发业财融合师的物质贪欲。如果公私不分，时间久了，就会"常在河边走哪有不湿鞋"，一些业财融合师贪图金钱和物质上的享受，利用职务之便不自觉地贪污受贿。究其原因，是忽视了人生观价值观的自我改造，放松了道德的自我修养，弱化了职业道德的自律。

第三节

业财融合师职业道德机制

业财融合师职业道德的内容丰富，体系完整，为职业道德的建设指明了方向，在实施过程中，如何具体去实现，也就是如何加强职业道德的建设，这需要社会方方面面的共同努力。事实上，在市场经济条件下，道德的自我完善是儒家思想的传承，但也离不开外部法律环境、教育环境，也就是说业财融合师职业道德和职业品质的建设包含两个层面的内容：一是内在的道德和品质修养和完善，即"自律"；二是外在的法制教育、法律意识建设、对法律主体的约束，即"他律"，具有强制性的性质。这两个层面应是相互作用，互为表里的，缺少哪方面都将是不完整、不彻底的。道德自律对人的行为约束，它所依靠的是德性伦理，通过树立道德意识，使业财融合师坚定职业立场，树立职业信念，履行职责，进而约束业财融合师自身的行为，提高自身的高尚品质；他律，是通过一定的制度建设，形成制度框架、制度安排，约束业财融合师的行为。作为社会伦理的两种调控方式，它们的作用是分不开的，其中道德他律是走向道德自律的必由之路。业财融合师职业道德的建设离不开自律与他律机制，二者缺一不可。

一、业财融合师职业道德的自律机制

所谓业财融合师职业道德自律机制，是指业财融合师职业道德自律的一种结构和活动规则。它是在业财融合师职业道德的要求下，业财融合师主动履行职责、承担职业行为的结果，是一种业财融合师通过自我立法、自我调节、自我管理、自我约束，形成职业道德良好品质的自发行为安排。

（一）业财融合师职业道德自律表现形式

业财融合师职业道德自律既是体现在业财融合师意识中的一种强烈的业财融合职道德约束力，又是业财融合师在意识中依据一定的职业道德准则进行自我修正和调节的能力。业财融合师职业道德自律，首先，表现为一种职业道德情感，是责任感的一种表现。我国业财融合师应以业财融合师职业道德自觉规范自我行为，对职业道德自律有强烈的愿望。其次，还表现为一种自我修正和调节，职业道德在业财融合师的内心形成稳定的判断和意识，修正业财融合师行为，指导业财融合师坚守道德底线。最后，业财融合师职业道德自律，还往往表现为业财融合师职业良心。业财融合师职业良心是根本，只有具备职业良心才能形成职业认识、职业意识和信念，才能安如磐石，保全自我，贡献社会。

（二）业财融合师职业道德自律机制的组成

业财融合师职业道德自律机制的组成，是指自律机制的基本构成要件，主要包括行业组织机制、规范机制、环境机制等。

1. 行业组织机制。行业组织机构主要依托相关行业协会制定行业规范，提升业财融合行业道德水准，对业财融合师进行约束。具体表现为制定职业道德准则。这种组织具有一定的权威性和强制性，重点打造业财融合师行业地位，树立业财融合师行业形象。业财融合师行业除了专业技术上的要求外，还有对业财融合师道德品质的要求，只有业财融合师的道德水准高，才能发挥其应有的作用，实现其社会价值。因此，行业协会就是业财融合师行业的利益保障组织。行业协会应该努力宣传，提高业财融合师遵守职业道德的自觉性，促进业财融合师职业道德自律机制的建设。

2. 规范机制。业财融合师如何自我管理，自我约束，进而更好地做到自律，要有一定的规章制度，做到有章可循、有据可依。所以，除了组织保障，还要有一系列配套的法律、法规和制度，没有制度约束，很难做到充分自律。相关的主管部门，如财政部，应该及时制定相应的规范，为业财融合师自律提供依据。

3. 塑造诚信环境。营造全社会诚信环境、健全业财融合师职业道德自律机制的主要思路是：加强业财融合队伍建设，严惩作奸犯科者，大力建设业财融合道德的自律与他律机制，净化我们的社会经济环境，如果没有诚信的环境，仅仅要求业财融合师保持诚信是不现实的。

二、业财融合师职业道德的他律机制

他律是相对于自律而言的，是指用自身以外的规则和制度来约束业财融合师的行为。业财融合师职业道德建设要遵循道德形成和发展的一般规律，重在培养、造就业财融合师自律自觉的精神。但在自律自觉的精神有时候并不能够真正发挥充分的作用，会或多或少受到各种利益的诱惑，使业财融合师变得摇摆不定，或者职业道德良好的风尚尚未形成，这时候需要一定的制度和规范，对业财融合师进行制约。这种制约具有强制性，能够促进职业道德更快更好地普及和推广。另外，在业财融合师职业道德自律的形成阶段，每个人对道德的理解不尽相同，自律程度也不尽相同。这时候，需要借助业财融合师以外的力量，对其行为进行约束。

因此，在自律的同时，需要建设业财融合师职业道德他律机制。一般而言，业财融合师职业道德他律机制主要包括以下五点。

1. 社会舆论监督机制。长期以来，社会舆论监督在职业活动中发挥着他律制约作用，尤其是在信息时代和智能时代，社会的监督作用越来越明显。信息获取途径多、信息量大、信息多样化、处理速度快、时效性高，如果不遵守职业道德，势必会付出较高的代价。可以通过建立诚信档案，设置相应的监督渠道，加强他律机制的建设，尽可能发挥监督检查的作用。

2. 法律制度机制。法律制度的完善有助于规范业财融合执业行为，尤其是大数据背景下，业财融合师如果出现错误、失误或者舞弊，势必会造成更大的损失或者危害，对于社会的发展极其不利，所以，现代社会强烈呼吁出台新的法律制度，规范本行业。

3. 财经审计监督机制。单位内部审计和外部审计，在一定程度上，能够促进业财融合师职业道德的实施。外部审计作为独立的监督部门，每年都要对整个单位的财务状况、经营成果进行审计，业财融合师作为当事人，也可以借此机会自省。内部审计部门，在独立性较强时，也能发挥一定的监督作用，促进职业道德的建设与实施。

4. 内部控制机制。内部控制机制是指企业各级管理部门采取的一系列方法、流程、制度和程序，对企业各个岗位，各个部门及员工进行的控制，这种方法、流程、制度和程序不断固化，形成一定的机制，进而对业财融合师进行约束，比如，职责分离、授权审批、财产安全、预算控制等机制，及时发现和纠正可能出现的偏差，避免业财融合师违反职业道德。

5. 教育机制。加强业财融合师职业道德教育。一是在高等教育中，经济类专业增加职业道德教育内容，可单独开设，也可在现有的相关业财融合课程中追加这方面的内容，教育方法和手段上改进，采用案例教学、实践教学、模拟教学、分组讨论、视频教学等方法；二是在职继续教育，可以先在业财融合师考试中增加有关业财融合师职业道德的内容，同时在从业过程中，对业财融合师每年或定期进行分层级的培训。

当然，自律是他律的基础，他律最终通过自律起作用，离开自律的他律难以从根本上改变人，无法加强业财融合从业人员的自我修养，唤起自我改造的热情，治标不治本，所以，自律机制与他律机制必须共同发挥作用，共同推进业财融合师职业道德的实现。

本章参考文献

[1] 裴俊红. 会计职业道德问题研究 [D]. 保定：河北农业大学，2006.

[2] 王静. 会计职业道德探究 [D]. 北京：首都经济贸易大学，2010.

[3] 翟政莲. 新时期我国会计人员职业道德问题研究 [D]. 太原：山西财经大学，2010.

[4] 叶陈刚，刘凤明，栾广斌. 会计职业道德 [M]. 北京：经济科学出版社，2019.9

[5] 任庆凤. 职业道德与职业能力 [M]. 北京：机械工业出版社，2017.1

［6］陈汉文，韩宏灵．商业伦理与职业道德［M］．北京：中国人民大学出版社，2020.7

［7］田学进．当前我国会计职业道德失范与重塑问题研究［D］．上海：上海财经大学，2008

［8］王宏云，赵永宁．财经法规与会计职业道德［M］．北京：中国人民大学出版社，2020.8

［9］石璐．会计人员职业道德及诚信问题研究［D］．西安：长安大学，2015．

［10］黄建来．会计职业道德中的诚信问题研究［D］．西北师范大学，2013．

［11］王静．会计职业道德探究［D］．北京：首都经济贸易大学，2010．

第九章 财务共享与业财融合

业财融合发展至今，信息化技术和手段不断进步，由于财务共享概念的广泛应用，众多企业选择构建财务共享中心进而实现业财融合。本章将重点讲述财务共享定义、财务共享中心、财务共享平台搭建、财务共享与业财融合的关系以及财务共享服务中心模式下促进业财融合的保障策略。本章是对目前最广泛采用的财务共享平台的介绍，更是在财务共享平台下从文化引领、制度保障、技术支撑、职业能力及职业道德等方面对业财融合进行保障的新思考。

第一节 财务共享的定义

一、财务共享的定义

财务共享广义上指的是复合型综合大集团大业务公司将下属分支业务单元、代表处、子公司中可以标准化、统一化、具有重复性的业务流程与对应的财务部门，通过一个固定的中心点进行再梳理和重新塑造的一种新的财务管理方法，而这个中心点被称为财务共享中心。

财务共享具有独立性，它的独立性主要体现在可以单独以一定的规模进行核算，实现规模经济。财务共享中心可以统一进行集团的基本核算，还能够服务其他的分支部门，它的运营支出和外包收益都由集团总部总体控制，它以电子信息系统作为基础，通过业务重组、流程再造，可以形成降低成本、增加效益的管控构架。不过它的下属分支需要撤掉原来相应的财务附属部门和人员，这些分支统一由财务共享中心调控核算。此外，作为公司财务体系的衍生产物，财务共享中心拥有自己的管理体系和价值观，可以全方位管理企业的基础财务核算。

从本质上来看，财务共享中心仍然是对过去大型的全球化企业的大事业部集中型财务管理体系进一步衍生而诞生的新模式。这种新模式体现在以下三点：一是财务权责的细化，二是致力于帮助大型企业找到资源配置的最优解，三是获取最优成本效应。

二、财务共享的价值

财务部门虽然是信息的提供者，但如果其无法及时掌握真实、完整的信息，所提供的信息价值也会降低。建立财务共享中心不仅可以给前端业务提供具有针对性的服务和支持，还能够给后台的财务决策提供更有价值的信息。总之，建立财务共享中心可以全面提升企业的管理水平，推动企业的发展。

1. 有利于信息集成化。信息集成化是形成财务共享价值的基础。随着数据处理技术不断发展，信息集成化的技术手段也越来越丰富，发挥的作用也愈加明显。在信息集成化的基础上，财务共享服务中心能够简化预算分析、绩效分析、盈利分析等工作，从而给企业的经营决策提供更有价值的信息。与此同时，财务共享服务中心能够获取更多非结构化数据，通过进一步分析这些非结构化数据，可以从中找到数据的关联性，进而挖掘到更多有利于企业发展的有价值信息。

2. 有利于流程标准化。流程标准化是建立财务共享中心的核心和关键。财务共享中心的建立最先要做的就是将企业的业务流程和制度标准化。通过业务流程再造，进行统一的流程管理、任务管理以及岗位角色管理，从而简化业务流程，降低成本，提升企业效益。换句话说，财务共享中心设立的目标就是推动业务流程的再造，以稳妥的方式优化业务流程，促进企业提高管理水平。

3. 有利于服务专业化。财务共享中心可以给企业提供成熟的会计服务，更好地发挥其价值。通过集中管理、培训会计人员，能够降低其工作错误率，进而提高决策所需的财务信息的质量。统一并且集中的共享服务模式，有利于提高员工的专业技术水平，拓展业务深度。财务共享中心作为一个标准化的服务组织，能够加强对组织内部人员的培训和管理，重视员工队伍建设，从而保证并提升员工的服务水平。

4. 有利于节约成本。财务共享对于成本节约的贡献主要从以下几个方面实现：其一，财务共享中心可以集中处理财务数据，员工能在一个部门集中处理不同地区或者单位的相同业务，可以节约员工时间。其二，财务共享中心优化了业务规则和流程，删减了重复的工作，从而缩短了每一项工作的时间，间接地减少了成本。其三，对业务操作进行了标准化、细化和简化处理,促进低层次水平的岗位员工任职。

5. 有利于企业业务的拓展。通过建立财务共享中心,可以为整个企业业务规模的扩展提供支持,包括新的并购、重组和剥离等,是企业扩张发展战略的有力支撑。财务共享中心包含人力资源、信息管理、财务等职能,这样有利于企业更好更快地发展新业务。

第二节 财务共享服务中心

一、财务共享服务中心概念

财务共享服务中心采取数据集中处理的管理方式,它有专门的业务处理标准。在一定时期内,各类有关经济的财务业务将集中到财务共享服务中心进行统一处理,从而降低成本,提升效率。财务共享服务中心是一个有效整合多个地区或部门的业务领域、人员和技术的组织,它可以在标准化过程中处理财务数据、提供财务信息并反映财务状况。具有如下特点。

1. 流程标准化。通常来说,财务共享服务中心区域所包含的业务具有容易标准化处理、重复使用率高、业务工作量大等特点,如应收账款、应付账款、费用报销等。它不仅为所需服务的业务设计独立的标准化处理程序,还会培训财务工作人员根据既定程序处理不同的业务。随着集团公司的不断创建、扩建,其财务操作标准也不尽相同。

2. 成本低。财务共享中心在选取筹建地点时一般选择成本较低的区域地段。此外,财务共享中心将会计工作人员整合起来,避免其业务重复,这样能够降低成本。德勤咨询公司和国际数据公司从《财富》500强企业中挑选了50家公司调查,发现这些公司通过财务共享服务得到的平均回报率为27%,而员工数量则下降了26%。

3. 效率高。首先,财务共享服务中心有一个标准的操作手册,这个指南手册会将财务人员的工作职责明确说明,进而提高人员工作效率。其次,共享中心为公司或集团反映更标准的财务信息,使企业管理者的决策更加高效和准确。

二、财务共享服务中心的模式

财务共享服务中心的战略结构模式根据不同的分类标准可以分为三类:"全球中心"

"区域中心"和"专长中心"。

"全球中心",即全球统一财务共享服务中心,是将一个公司在全球范围的所有核算流程集中在一个财务共享服务中心统一进行处理,为公司所有业务部门提供便捷高效的服务,高度发挥公司的规模效益,加强业务流程标准化。该模式要符合各国各地区对于经济的要求,鉴于全球信息中心的高要求和对全集成系统的需求,该模式的重点和难点在于创建全球统一和标准化的业务流程。

"区域中心",即按区域划分建立财务共享服务中心。将公司的业务按照地理区域划分,每个地区设立一个区域财务共享服务中心,它能够符合对应地区的业务操作流程,也能够遵循当地的税务准则及法律,从而将标准化水平适当放低,虽然会对系统和人员的要求相对放低,但方便统一,管理程度适中,便于企业集团的整体管理。

"专长中心",即专长型财务共享服务中心。专业的财务共享服务中心是将一个公司在全球内的同一业务放在一个共享中心内进行梳理。这可以达到帮助清除重复劳动的目的,进而提供专业服务,培养不同职能的专业人员。企业公司在建立一个财务共享服务中心时,须根据公司自身行业发展特点、结合实际生产经营情况及所处行业环境的发展战略等具体情况综合考虑。

三、财务共享服务中心的技术支持

随着市场竞争不断加剧、公司规模不断增大,以及核心竞争力、规模效应和竞争优势理论的提出,财务共享的理念逐渐被提出。财务共享的真正实现要依赖信息系统的发展。从基本的业务计算到全面的财务管理和重要的财务决策辅助手段,信息管理和信息系统是完成并实施财务共享的基础。电子报账、银企互联、电子档案以及电子影像系统作为财务共享服务中心结构的核心设计部分,涵盖了整个财务共享服务中心的技术核心领域,财务共享服务中心的财务工作员工根据工作内容在业务标准流程中进行财务处理。

1. 电子报账系统。电子报账系统是整个共享中心的核心,该系统可以实现的功能有填写报账单、业务审核、财务审批、制作凭证。系统中填写报账单版块内有模版管理,包括差旅费模版、土地使用及损失补偿模版、运输费模版及其他日常费用模版等。如公司员工出差产生的差旅费,在填单过程中选择对应报账科目,填写公司具体全称、出差员工所属部门等详细信息,以及出差类型、出差地点、往返时间、过程中换乘的交通工具、费用票据等具体费用信息。业务审批是在工作人员填写报账单提交之后进入的流程。电子报账系统使用的报账单类型与其他的不同,它可以自动识别报账单内容中的关键词语,准确地下发给对应的审批人,审核需要走一定的流程,需要多人并按照一定的顺序审核。这依据报账单内填写的内容进入系统自动识别审核,前一位审批人审核通过,电子报账系统会自动转给后一位审批人,等待审核。此外,系统按照费用全流程,能够使多个部门共同对报账单据进行审批。因此电子报账系统基本能够实现信息资源共享,自动进行业务流程处理。

2. 电子影像系统。电子影像系统是以电子方式记录、传输发票信息,管理云存储的系统平台。它是整个电子报账系统的核心,无纸化处理特性明显。电子文档信息是通过使用电子影像系统、扫描计算等方式提供的。利用条形码技术创建的电子票据可以实时跟踪管理,可以在多个系统平台上进行信息传递,报账工作的效率大大提高,降低审批成本,明显有效减少了员工的工作量。

3. 银企互联系统。银企互联系统是财务共享服务中心实现对银行账户的管理、银企自动对账和资金不落地支付的自动核算的平台,能够将外部银行接口与公司系统平台的对接起来,完成线上与多家签约银行的实时交易处理。如通过详细明细查询、业务对账等方式,方便公司与银行的工作开展,提高银行和公司之间的交易效率和安全性。实现与多家签约银行的实时交易,减少支付环节和对账阶段的工作量,降低因业务失误而产生的业务风险。

4. 电子档案系统。电子档案系统是无纸化业务处理下公司集团会计电子档案信息管理平台,能够做到集中统一的会计电子档案和实物档案管理,然后逐步提高档案管理中会计电子档案的比例,减少实物会计档案数量,有效降低会计档案管理成本,做到会计凭证管理效率的提高,以及对因不可抗力对会计资料的破坏进行有效预防。

第三节

财务共享平台的搭建

一、财务共享平台的服务内容

在企业确定要在内部设立财务共享平台后,首先要解决的就是把哪些业务单元直接放到财务共享平台上,哪些业务单元经过整理后放到财务共享平台上。此时,企业需要建立财务共享模型来选择业务单元。业务单元选择模型可通过与管理决策相关的业务单元类型和级别的差异来进行比较。如图9-1所示,主要内容有以下4个模块。

模块（1）表明，与管理决策相关性低、业务单元类型差异小的业务，这些业务单元类型在企业中很普遍。这种业务类型可以直接放到财务共享平台中，如应收账款业务；

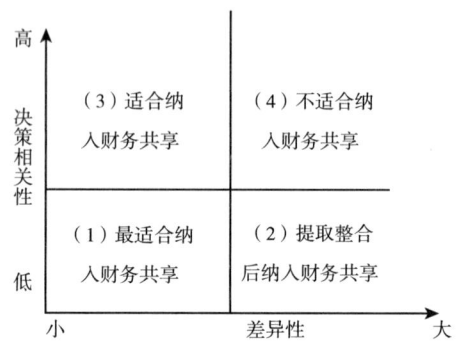

图9-1 业务单元选择模型

模块（2）表明，与管理决策相关性低、业务单元类型差异大的业务，如集团子公司由于位于不同的地区或业务部门的大小不同，不同子公司处理的业务不同。企业可以允许子部门或单位建立自己的一套流程，总部仅需审核收据票单的合理性、合规性，再将其交给财务共享平台，从而最大限度地使用财务共享平台；

模块（3）表明，与管理决策相关性高、业务单元类型差异小的业务，如在进行具备重大战略意义的活动时，需要进行项目可行性和收支分析。由于此类活动的原理和流程相似，可以利用财务共享平台提供专业咨询服务；

模块（4）表明，与管理决策相关性高、业务单元类型差异大的业务，这种业务只依赖于财务共享平台做决定有可能会脱离现实，对企业造成一定的损失。因此这类业务最好给予业务单位充分的自主抉择权。

综上所述，财务共享平台下的企业业务处在不同的层次。要想让财务共享平台向企业所期望的那样发挥一定的作用，只有对这些业务进行分类。

二、财务共享平台的模式选择

财务共享平台的实施可以选择不同的模式。当下，最流行的财务共享模式包括基础模式、市场模式、高级市场模式和自主商业模式。

1. 基础模式。这是财务共享平台是最基本的初级模式，它关注企业的日常活动，主要收集企业的日常工作内容以达到降低成本和流程操作规范的目标。例如应付账款、员工薪酬支付、费用报销等业务，并规定各业务单位需要将此类业务汇总到企业总部集中处理。尽管这种方法在企业内不称为"共享平台服务"，但它实际上与共享服务的原始模型一致。

2. 客户导向的市场模式。这种市场开发模式不仅将企业的管控从服务领域分离出来，降低成本，提高客户满意度，还提供财会咨询等专业服务。在以客户为导向的市场模式下，财务共享平台由专门的团队建立和管理。公司只能规划企业未来的发展，对财务共享平台进行监督管理，比单纯集中的初级模式灵活。

3. 高级市场模式。这种先进的市场开发模式以客户和市场为核心，客户能够自由选择服务类型，服务价格由市场规律而定。此外，财务共享平台也可以为企业外部提供共享服务。如何在先进的市场开发模式下为客户提供最有用的服务是关键。如果有多个业务单位竞争，客户需要比较哪个服务提供商更好。如果对企业内部提供的服务不满意，可以选择外部服务。同样，财务共享平台应根据市场规律定价，向客户收取服务费用。此时关注的重点是如何提供最佳性价比给客户。

4. 自主商业模式。该模式追求利润的独立性。这种独立经营模式对客户收取的服务费受到市场波动的影响，其财务目标类似于企业追求利润的目标。

三、财务共享平台的搭建过程

借鉴以前搭建财务共享平台的经验，大多数企业完成平台的建设都需要一到两年的时间。在搭建平台的过程中，外部不可控因素和现实障碍都要大于企业的预期，因此企业有必要做相应的项目规划，财务共享平台的建立包括四个阶段，分别是可行性评估、设计并构建、运行及管理，以及提高和改进阶段。

（一）可行性评估

企业应该做好评估项目的可行性分析，进而获取企业投资者和高管的支持，这是顺利搭建财务共享平台的基础保障。与此同时，作为企业的一分子，一般员工也不应该被忽略。他们也是顺利搭建财务共享平台的保障。可行性分析主要需要实现以下四个方面。

1. 确立财务共享平台的长期目标。搭建财务共享平台之前，应深刻理解企业的内部和外部环境、组织结构、业务情况、竞争状况等，然后确立适合企业长远发展的战略目标，以确保财务共享平台建设的下一个目标是有针对性的。

2. 总结以往经验，并与同行业其他财务分享平台进行比较。通过以往的经验以及对行业构建情况的分析，可以帮助企业少走弯路，避免一些不必要的损失。同时，它有利于企业明确需要改善和提升之处，从而有助于企业未来的评估。企业可以总结以往财务共享平台的业务范围，比如财务状况、流程建设等。

3. 明确财务共享平台建设的具体情况。财务共享平台的最终目标是降低企业成本，提高企业发展效率，增加客户满意度。企业应该在组织架构、业务运作流程、信息技术手段、规章制度等方面确定财务共享平台的经营范围。因为财务共享平台是对所有业务流程进行再造，所以有必要区分项目组织和业务组织。此外，为了提高运行效率，企业应采用扁平化组织方式。项目组应增加企业的高层管理人员，帮助排除项目推进的障碍。

4. 精心策划打造财务共享平台。企业要按照既定的原则和方法，做好详细的规划。企业除了要提前做好准备，还要确定操作步骤以及如何推进财务共享平台的搭建。

此外，有必要分析建设后的经济效益。效益分析主要包括直接效益分析和间接效益分析两个部分。直接效益是指企业成本的降低和效益的提高，间接效益是指企业管理效能的提高。这些效益可以从直观的财务数据和用户评级中显示出来。

（二）设计与搭建

在进行可行性分析后，企业可以在组织架构、业务运作流程、信息技术手段和规章制度等方面设计和搭建财务共享平台。企业既可以自主完成规划设计，还可以聘请专业咨询公司。财务共享平台的业务流程再造，就是梳理原来的操作流程，分配并细化财务共享平台所需的流程。需要安排专门的人员对每个关键节点负责。此外，在设计过程中，项目组需要与相关业务人员多进行沟通和交流，设计完成后，应由专家进行评估和识别。

当企业只提供会计服务或咨询服务时，财务共享平台的组织结构也需要对市场结构进行设计。企业如何经营可以根据业务类型来决定，也可以根据对客户的服务情况来决定。这两类业务各有优缺点：按业务类型分类可以提高平台的专业处理水平，但会降低客户信息的机密性；根据客户类型对服务进行分类可以提高客户满意度却降低了平台的运营效率，降低了专业化程度。

如果企业财务共享平台只服务一个内部客户，一个团队就足够了；但如果财务共享平台是独立运作的，那么构建管理组织就比较复杂。信息技术手段在财务共享平台的搭建中起着极其重要的作用，它影响着财务共享平台功能的发挥。企业通常要建立业务处理制度和内部管理制度，前者负责企业的一般生产，后者负责企业内部的管理活动。利用信息技术手段，企业可以在内部建立企业资源管理系统、财务系统（包括总账、应付、应收、图像文档管理、银企互联、费用报销系统等）。企业在搭建财务共享平台时，所涉及的员工应包括管理层和技术层。与此同时，原财务部门人员也需要释放和重新安置。

企业可以从组织内部挑选人才，也可以从外部招聘人才来共同搭建财务共享平台。在搭建平台的过程中，企业需要关注员工的感受和心理，经常与员工进行沟通交流。在选取搭建财务共享平台的地址时主要考虑的因素包括成本、人力资源以及通信基础设施等。财务共享平台的选址与企业未来的发展以及与供应商建立良好的关系紧密相关。

（三）运行及管理

做好充分的可行性评估、设计和搭建工作是企业运营财务共享平台的基础。此外，在这个过程中，企业还需要监督设计过程，关注企业的发展。

1. 服务协议。服务协议由专业法务人员、业务经理和市场经理决定。它连接了企业财务共享平台和它所服务的客户。通常，协议应该包括服务的内容，服务使用的标准，财务共享平台建立标准、客户的责任和权利，以及如何应对突发事件。此外，还要判断目前的协议是否符合实际发展需要，是否需要不断地修订和完善等。

2. 绩效评价。评价财务共享平台是否有助于企业发现流程设计与操作中的问题，还可以完善财务共享平台的功能，从而提高服务质量，提升客户满意度。企业一般采用平衡计分卡和六西格玛管理两种方法来进行绩效评价。

（四）提高和改进

经过以上步骤，财务共享平台使对外服务水平得到了提升，企业内部已逐步形成了一套管理运营体系和内控体系。但是，财务共享平台仍需不断完善。企业可以通过对日常的项目运行报告和记录监督，发现有待改善的问题，然后实施改革方案，提高财务共享平台的稳定性和可靠性。

第四节 财务共享与业财融合的关系

一、财务共享与业财融合的优势

（一）财务共享的优势

1. 提高企业管理质量和财务处理效率。利用财务共享服务中心可以集中高效地处理业务，减少财务管理流程，从而降低业务处理的成本，提高财务工作人员的工作效率，这也有利于财务部门和其他业务部门之间互相沟通，提高企业管理质量。

2. 降低企业财务控制风险。财务核算系统与 ERP、EBS、OA 等系统在系统建设中可以与之前的财务、业务系统较好地集成。通过财务共享平台，可以实现数据共享，财务人员可以熟悉企业的业务流程，了解业务环节。同时，企业的经营管理活动也会最终通过数据反映出来，从而发现企业在经营活动中的缺陷，降低企业财务控制风险，帮助企业管理资金，有利于企业管理者作出更好的决策。

(二) 业财融合的优势

1. 业财融合能够增强财务人员业务能力。在企业发展的过程中，有效地引导业财融合，可以增加企业的经济效益。当今，我国企业在发展过程中出现业务与财务交替融合的现象。因此业财融合的发展对企业的财务人员的水平提出了更高的要求。随着企业的飞速发展，财务人员需要处理更多的数据，面对大量的数据处理，如果要保证数据的准确性，财务人员就需要在传统的财务工作模式的基础上，充分结合利用现代信息技术。

2. 业财融合能够提高企业管理效率，实现精准管理。一方面，企业业务和财务部门的融合可以提高财务管理部门的管理水平，财务人员更好地理解业务也有利于细化财务管理的各个环节，从而使企业的财务服务能力得到有效提高。另一方面，通过业财融合，财务人员可以了解到企业生产经营活动的各个环节，对此实施有效的财务管理，降低生产环节的成本，使资源得到合理的配置。

二、财务共享与业财融合的关系

(一) 财务共享服务中心模式为企业成功实施业财融合提供保障

1. 财务共享服务中心为业财融合提供技术平台。财务共享服务中心通过建立各个系统接口可以把企业集团的业务和财务系统集合在一起，规范企业的业务流程。企业在建立财务共享服务中心时，一方面，要把业务流程连接到企业的财务共享平台上，使财务共享平台更为完善。另一方面，在进行数据处理的时候，要提高业务数据存储和处理的及时性、准确性和有效性。

2. 财务共享服务中心模式推动业财融合管理创新。财务共享中心可能推动企业的管理模式创新，原有的集团下面的子公司、分公司的财务会计岗位取消，财务会计岗位的基本工作如费用报销、出纳支付等基本职能逐渐被智能机器人替代。企业创造出新的管理模式，原有的会计财务流程将会被改变。

（二）业财融合是实现财务共享模式的关键因素

1. 财务共享中心模式下业财融合是企业内部管理需求。财务共享模式下，各个业务部门和财务部门之间的互相融合，可以帮助企业经营管理者对整个生产经营过程实现控制，在控制过程中，通过对其进行管理和分析，可以实现企业价值最大化，在宏观上有利于企业进行战略协调。同时在处理业务时企业也要遵循规范化、流程化的原则。

2. 财务共享中心模式下业财融合能够引领财务变革。财务共享中心的建立，使大量的数据集中在一起，如何处理并利用好这些数据，对财务人员的整体能力和综合素质又提出了更高的要求，财务人员不仅仅是做简单基础的工作，其工作重心也转向更有创造力的地方。财务共享中心的建立有利于企业控制并降低风险，帮助企业更好地进行管理。

（三）财务共享与业财融合相互作用相辅相成

财务共享与业财融合相辅相成，一方面，财务共享越来越多地成为大多数企业的选择，它可以提高财务工作的透明度，提高工作效率；另一方面，业财融合可以促进企业财务转型升级，提高企业的核心竞争力，有利于企业更好地进行财务管理。

三、财务共享模式下业财融合目前的困境

（一）财务目标与业务目标不相容

虽然财务共享的优势诸多，但是实际实施的时候也会受到各种因素的影响。尤其是一些传统企业，没有顺应共享的潮流，没有作出变革，仍然使用原有的传统财务管理方式，业务部门的和财务部门之间分工分类明确，再加上很多企业以实现最大化的经济利润为目标，这就导致很多企业对公司业务部门的管理较为宽松。而财务部门一般都需要严格的遵守规章制度和规范，这就使业务部门和财务部门在管理方式、管理理念等诸多方面有冲突。

（二）财务共享体系不完善

在财务共享体系下，许多企业不同部门之间的信息系统并没有按照统一的标准来进行设计，各个部门的信息系统只是满足各自的内容和需求，因此实施财务共享模式后，容易出现信息系统不兼容、信息系统模式之间不匹配的窘状。这就导致财务部门在处理各个部

门传送过来的信息之后，需要对不同格式的数据和内容进行大量的处理，无形之中增大了工作量。其中在传送数据的过程中可能还会出现数据滞后、数据丢失等问题，影响企业的财务管理决策。

（三）缺乏管理层对业财融合的支持

目前业财融合还处在一个发展的阶段，因此有关业财融合成功的案例相对较少，缺少参考标准。而且从另外一个角度，实施业财融合也需要大量的资金作为支撑，短时间内不会实现，还要面对可能不会得到有效成果的风险，因此一些中小企业或者不愿承担风险的企业就不愿意去尝试业财融合。

（四）财务人员个人综合素质的缺乏

财务共享模式下，传统的财务人员主要从事会计工作，对会计知识比较了解，与业务隔绝，这也导致财务人员的知识结构较为单一，面对财务共享的新形势，财务人员需要提升自己的综合能力，尤其是对信息技术的学习和掌握。

第五节 财务共享服务中心模式下促进业财融合的保障策略

一、财务共享服务中心模式下促进业财融合的技术保障策略

（一）采用专业财务数据软件

财务共享中心平台可以为企业的经营活动提供大量的数据。财务共享平台的建立需要专业的财务数据信息处理系统为平台建设提供支持。企业的财务共享中心能否发挥一定的作用在一定程度上取决于系统和软件在处理信息和收集信息的及时化和智能化。

（二）完善财务共享体系

为了避免由于网络传输而造成的数据提供不及时的现象，确保各种数据实现高效且实时的传播，需要进一步优化改良财务共享服务中心的每个模块，并且对于每个限制系统模

块的财务共享中心的问题,都需要利用先进的信息存储和传输技术加以解决。

二、财务共享服务中心模式下促进业财融合的人才保障策略

(一) 加大培训力度,培养复合型人才

基于财务共享服务中心模式,财务人员需要具备专业分析能力、业务理解能力以及沟通能力这三种能力,才能充分发挥业财一体化的优势。

1. 专业的分析能力。业财融合不仅需要财务人员具备专业的财会知识,还要具备管理会计知识。管理会计包括履行预测、决策、控制、评价等职能。因此,财务人员需要具备成本管理、预算管理、绩效管理、经济分析、内部控制等管理会计专业知识。

2. 业务理解能力。业财融合即业务部门和财务部门进行充分的融合,财务人员可以从之前的单纯理解企业数据到熟悉企业业务知识,进而增强财务人员对企业的整体认识,提升财务人员的综合能力。

3. 沟通能力。财务人员需要充分挖掘隐藏在大量数据背后的信息,并且将其转化成通俗易懂的语言,为业务人员提供有价值的信息。在与业务人员进行沟通的过程中,要学会沟通的技巧和方法,提高沟通的效率和效果。

(二) 引进信息技术人才,保障财务共享模式安全

财务共享的实现离不开功能强大的信息系统,信息系统的集成化和标准化对一个企业财务共享的顺利实施具有重要的意义。因此,各企业都要加强对信息技术人才的培养,使其能够快速、顺利、专业地将财务共享系统与企业软件相结合,最大限度地提高其效率和智能水平,进而让企业的发展更加专业化、精准化。

三、财务共享服务中心模式下促进业财融合的管理保障策略

(一) 建立完整的业财融合管理机制

只有当管理机制足够完善时,相应的发展模式才会出现,同样的,财务共享中心模式也需要有完善的业财融合管理机制作为支撑,从而有效保证企业业财融合的发展。而建立起来的管理机制必须与财务共享服务中心的管理结构相匹配。如在业财融合的具体应用中,优化数据,为业财融合提供更准确的会计信息服务。同时,要优化企业内部控制流

程，在完善内部控制的基础上开展业财融合，明确业财融合的目标和内容。

（二）完善企业全面预算管理

实施全面预算管理是实现业财融合发展的重要手段之一。随着战略目标的确立和分解、全面预算管理的实施，预算编制的内容应是全面的，应包括投融资预算、财务预算、业务预算以及现金预算等。

企业的全面预算管理是将业务部门和财务部门结合在一起，两者互相配合和补充，通过全面预算管理可以提高企业业务部门和财务部门的相关性，使财务部门对业务部门进行充分的了解，同时确保业务部门遵守财务部门的财务法规，实现共同发展。

本章参考文献

[1] 董光跃. 基于财务共享模式的施工企业业财融合问题研究 [J]. 企业改革与管理, 2020（06）：129-130.

[2] 吴锦. 财务共享背景下企业财务管理中的业财融合问题探讨 [J]. 企业改革与管理, 2020（07）：160-161.

[3] 武瑞强. 浅析财务共享服务中心模式下如何实现业财融合发展 [J]. 中国产经, 2020（02）：138-139.

[4] 武兴旺. 浅析基于财务共享服务中心模式下业财融合发展的思考 [J]. 财经界, 2020（02）：158.

[5] 沈海芳. 财务共享服务中心模式下集团企业业财融合探析 [J]. 现代商业, 2020（08）：171-172.

[6] 徐珂. 财务共享中心模式下的业财融合研究 [J]. 中国中小企业, 2020（02）：158-159.

[7] 赵婧宏. 浅析财务共享与业财融合的关系 [J]. 山西农经, 2019（01）：150.

[8] 王姝敏. 财务共享服务中心的内部控制研究 [D]. 西安：西安理工大学, 2018.

[9] 赵金芳. "互联网+"时代下财务共享平台的构建对企业财务管理影响 [J]. 内蒙古财经大学学报, 2019, 17（05）：64-67.

[10] 付龙龙. FJYH超市基于财务共享中心的内部控制研究 [D]. 银川：宁夏大学, 2019.

［11］于敏．企业财务共享服务中心模式下的业财融合研究［J］．中国商论，2019（06）：157－158．

［12］孔金凤．财务共享服务中心模式下的业财融合研究［J］．纳税，2019，13（24）：114．

［13］李欢．"互联网＋"背景下企业财务共享平台的构建研究［D］．绵阳：西南科技大学，2017．

后　　记

　　波澜壮阔的智能时代，新技术和新理念层出不穷、精彩纷呈。纵观人类文明的进程，科学技术的发展对财务的作用，从结绳记事出现、阿拉伯数字诞生、十进制计数法产生、到算盘发明，等等，每一次都产生着深远的影响。时至今日，大数据技术，尤其是近年来提出的业财融合理念，更是对财务管理产生了重大推动。当前，以财务共享为业财融合的载体，"大智移云物区"等新技术的加持，是财务管理理论发展和实践创新的重要特征。

　　本书是业财融合系列丛书的第一本书，为了适应智能时代的业财融合新形势，我们着重对业财融合概念、基本特点、意义、理论框架以及新技术发展进行了较为全面的概述。同时，我们从业财融合的主要特征方面进行了不同视角的描述，如从治理结构的视角描述业财融合的文化，从内部控制的视角描述业务融合的制度，从内部审计的视角描述业财融合的业绩评价，并分析了业财融合对职业素质和职业道德的要求。还对智能时代业财融合平台进行了介绍性描述，并对财务共享模式下的业财融合进行了研究性介绍。

　　本书从一个宏观的视角，对业财融合进行鸟瞰，以期读者完成阅读之后，能对智能时代的业财融合有一个全方位的了解。

　　本书共有九章，第一章业财融合概述、第三章业财融合文化引领由章之旺教授编写；第二章业财融合历史沿革、第九章财务共享与业财融合由王昊教授编写；第四章业财融合运行机制由代蕾副教授编写；第五章业财融合技术支撑由徐慧亮高级实验师、袁伟东讲师编写；第六章业财融合业绩评价由王艳秋副教授编写；第七章业财融合职业能力框架、第八章业财融合师职业道德由王新秀讲师编写。研究生郑欣、杨文抒、韦敏悦、宋菁菁在文献查阅、图表制作等方面也作出了贡献。

主编　王　昊　王新秀
2021 年 1 月